JOAQUÍN PÉREZ-RODRÍGUEZ

LA VOZ CUBANA

ENCUESTA REALIZADA ENTRE
CUBANOS DE LA ISLA

COLECCIÓN INVESTIGACIÓN # 1

INSTITUTO PEDRO ARRUPE
Miami, Florida 2015

Joaquín Pérez-Rodríguez

LA VOZ CUBANA

ENCUESTA REALIZADA ENTRE CUBANOS DE LA ISLA

Copyright © 2015 by Joaquín Pérez-Rodríguez

Primera edición, 2015

INSTITUTO PEDRO ARRUPE
12190 S.W. 56 Street Miami, FL 33175.
USALibrary of Congress Catalog Card
No.: 2015944994
ISBN-10: 1-5136-0154-7
ISBN-13: 978-1-5136-0154-0
Composición de textos:
Iraida Paredes
Diseño de la cubierta:
Iraida Paredes

Todos los derechos
son reservados. Ninguna parte de
este libro puede ser reproducida o transmitida
en ninguna forma o por ningún medio electrónico o mecánico, incluyendo
fotocopiadoras, grabadoras o sistemas computarizados, sin el permiso
por escrito del autor, excepto en el caso de
breves citas incorporadas en artículos críticos o en
revistas. Para obtener información diríjase a Instituto
Pedro Arrupe.

ÍNDICE

Prólogo	7
¿Qué quiere el cubano?	11
¿Qué es lo que más necesita?	14
¿Qué desea que haga el Gobierno?	18
Cosas positivas y cosas negativas	25
La Cuba de la Diáspora	31
Remesas a Cuba	37
La perenne tentación de migrar	47
Política EEUU-Cuba	51
Estas nuevas realidades los hacen sentirse optimistas	65
La situación política y los personajes políticos	69
Tecnología	91
Variables demográficas	115
El católico en la Cuba de hoy	125
¿Quiénes son los católicos en Cuba?	132
¿Cómo es su situación económica?	141
Los católicos rechazan el sistema político	149
La apertura con Estados Unidos	159
Opinión de los católicos sobre instituciones y personas	165

PRÓLOGO

Hace aproximadamente 10 años la empresa entonces llamada Bendixen and Associates, que sigue siendo una compañía norteamericana especializada en sondeos e investigaciones, intentó realizar una encuesta en Cuba. Dos métodos se plantearon: el sondeo telefónico desde Miami y las entrevistas casa por casa con entrevistadores venezolanos.

El sondeo telefónico se realizó con pocas entrevistas y con poca calidad estadística, sus resultados nunca fueron difundidos. La encuesta con entrevistadores venezolanos se descartó porque se pensó que era mejor entrevistar a cubanos con cubanos para no crear ningún tipo de distorsión metodológica.

Hace dos años, en una operación muy compleja que se inició en Cuba, siguió en África y Europa, y culminó en México y los Estados Unidos, logró huir del gobierno cubano un reputado matemático especializado en realizar sondeos para algunas entidades gubernamentales.

Cuando de nuevo, en septiembre del 2014, en la empresa Bandixen and Amandi surgió la idea de realizar un sondeo en Cuba, los cabos comenzaron a atarse y los primeros contactos con los equipos encuestadores se comenzaron a hacer.

Fernand Amandi, socio de dicha empresa, me sugirió que, dados los rumores del restablecimiento de relaciones entre Cuba y USA, sería muy importante intentar de nuevo la encuesta tantas veces planeada. Él se ocupó de buscar el patrocinio de Univisión y del Washington Post, redactó la primera versión del cuestionario y planificó la distribución de los resultados. Como coordinador de la encuesta, contacté a Fernando Civera, Presidente del Centro de Investigaciones Sociológicas de México, para que se encargara de contactar las personas señaladas por el matemático cubano dentro de la Isla. Civera y su equipo se trasladaron a Cuba donde entrenaron, y supervisaron al personal cubano para después reunir la data obtenida en las entrevistas. Gracias a esos esfuerzos la encuesta se hizo realidad.

Simultáneamente, el Instituto Pedro Arrupe autorizó una investigación sobre el catolicismo en Cuba, usando los datos de esta encuesta. Es la misión del Instituto promover el conocimiento del catolicismo y de los fieles para crear una verdadera conciencia social entre sus miembros y entre la comu-nidad hispana del Sur de la Florida. La Iglesia Cubana, como Iglesia del Silencio, no ha podido ser estudiada en su totalidad por las limitaciones que crea un estado totalitario. Pero en esta ocasión se ha podido saber lo que piensan sobre la realidad política, social y económica los católicos en la Isla. Se ha podido saber cuántos son, quiénes son, qué hacen y dónde viven. Estos aportes tienen relevancia en un momento en el que se pretende abrir un poco la sociedad cubana al Mundo, como pidió San Juan Pablo II durante su viaje a esa tierra.

Esta encuesta ha sido la primera consulta profesional, creíble e indepen-diente que se realiza en Cuba durante los más de cincuenta años que ha durado la dictadura comunista de los Castro. Y aquí están los resultados. Por ellos se podrá saber lo que en realidad piensa el cubano de su entorno político, económico y religioso.

METODOLOGÍA

La validez de una encuesta viene dada por la muestra que se determina. La muestra es la réplica del universo que se va a encuestar. Se realizan entrevistas con sujetos que reflejan la realidad nacional. Si la mitad de la población cubana está formada por mujeres, pues se debe entrevistar un 50% de mujeres. Así se repite con variables tales como las geográficas (se harán más entrevistas en aquellas provincias más pobladas, se entrevistará un porcentaje de jóvenes que sea exacto a la proporción de jóvenes que compongan la población nacional). Todo esto determinado por las cifras del último censo nacional. El total de la muestra fue de 1,200 entrevistas realizadas en 120 puntos muestrales y en todas las provincias con excepción de la Isla de la Juventud, donde no se realizó ninguna entrevista.

El trabajo de campo se realizó durante las dos últimas semanas del mes de Marzo del 2015.

Fueron consultados cubanos que viven permanentemente en Cuba y esta fue la proporción de las entrevistas por provincia:

La Habana (Ciudad) 19.3%, Habana (Campo) 6.6%, Santiago de Cuba 9.4%, Holguín 9.3%, Granma 7.5%, Villaclara 7.2%, Camagüey 6.9%, Pinar del Río 6.5%, Matanzas 6.1%, Las Tunas 4.8%, Guantánamo 4.6%, Sancti Spíritus 4.2%, Ciego de Ávila 3.9% y Cienfuegos 3.7%

El tamaño de la muestra determina que podría haber un error en los resultados del 2.8% en un 95% de las veces. Es decir, que las respuestas podrían estar erradas en esos bajos porcentajes.

METODOLOGÍA

Muestra	1200 cubanos adultos que viven en Cuba
Fecha de Entrevistas	17 – 27 de marzo del 2015
Idioma de Entrevistas	Español
Margen de Error	+/- 2.8 puntos de porcentaje

¿QUÉ QUIERE EL CUBANO?

Un alto porcentaje de los entrevistados querría viajar al extranjero, lo que no implica ir a vivir fuera de Cuba.

También desean abrir un negocio, o una cuenta de ahorros, o comprar un carro, un electrodoméstico y en un segundo plano, adquirir una vivienda.

Viajar al extranjero y abrir un negocio propio son logros más importantes para los jóvenes que para las personas mayores de 50 años. Estos últimos prefieren comprar un electrodoméstico.

Las oportunidades económicas son la prioridad, muy por encima de las políticas. Los cubanos piensan que es más factible un cambio económico que uno político.

Pensando en su familia, ¿qué es lo que le gustaría lograr en los próximos 5 años? (Aceptar múltiples respuestas)

Viajar al extranjero	**64%**
Abrir un negocio propio	37%
Abrir una cuenta de ahorros	36%
Comprar un auto	34%
Comprar un electrodoméstico	34%
Comprar una vivienda	25%
Cambiar de empleo	25%
Asistir a la universidad	7%
No sabe/No contesta	3%

Pensando en su familia, ¿qué es lo que le gustaría lograr en los próximos 5 años? (Aceptar múltiples respuestas)

Por Edad

	18-49	**50+**
Viajar al extranjero	70%	52%
Abrir un negocio propio	41%	26%
Abrir una cuenta de ahorros	36%	35%
Comprar un electrodoméstico	31%	39%
Comprar un auto	40%	20%
Comprar una vivienda	32%	9%
Cambiar de empleo	31%	12%
Asistir a la universidad	10%	1%
No sabe/No contesta	1%	7%

¿QUÉ ES LO QUE MÁS NECESITA?

Querrían viajar al extranjero, pero necesitan una mejor economía, un sistema político abierto, una mejor calidad de vida.

Solamente el 3% de la población no sabe qué necesita el país, los demás lo saben perfectamente. Mayor apertura, oportunidades, vida mejor.

En su opinión, ¿qué es lo que más necesita el pueblo de Cuba en este momento?

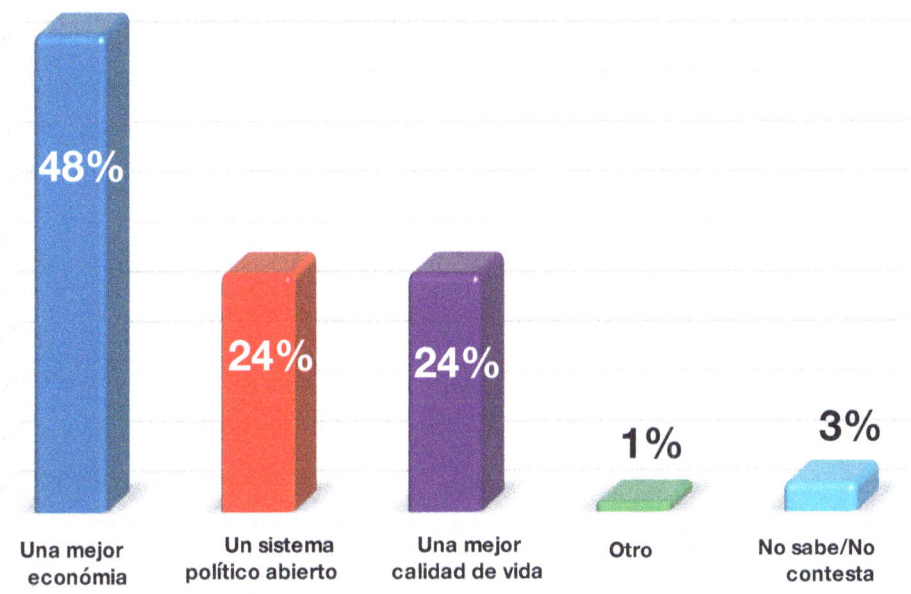

En su opinión, ¿qué es lo que más necesita el pueblo de Cuba en este momento?

- *"Que se acabe la dictadura de los Castros"*
- *"Lograr verdadera democracia"*
- *"Acceso a Internet para que nadie nos engañe más"*
- *"Que se nos atienda como personas"*
- *"Lugares donde la familia se pueda sentir en unión y felicidad"*
- *"El pueblo necesita sentirse identificado con algo que lo haga salir de tanta miseria"*
- *"Mejor atención a las necesidades primarias"*
- *"Que se fomenten relaciones económicas con países que beneficien al pueblo"*
- *Inversión extranjera para levantar nuestra economía"*

En su opinión, ¿qué es lo que más necesita el pueblo de Cuba en este momento? (Frases expresadas por los entrevistados.)

- *"Mejorar mi nivel adquisitivo"*
- *"Vivir sin tanta necesidad"*
- *"Dinero y vergüenza"*
- *"Desarrollo para los bolsillos"*
- *"Que podamos comprar con nuestra moneda"*
- *"Que hayan nuevas generaciones en el poder"*
- *"Salir de todos los viejos estos"*
- *"Que se acabe el yugo de Castro"*
- *"Un cambio radical y definitivo"*
- *"Mucha comida y libertad"*
- *"Que tengamos derecho a expresarnos sin que nos vean problemáticos"*

¿QUÉ DESEA QUE HAGA EL GOBIERNO?

El cubano plantea que el Gobierno debe mejorar las oportunidades económicas, y en un altísimo porcentaje, en el caso de los jóvenes, desearía abrir un negocio. Muchos dicen que familiares o gente cercana ya tiene un negocio, lo cual es una negación del dogma expresado sistemáticamente por el gobierno de que la propiedad privada debe ser restringida y las empresas deben ser del estado. Más de la mitad de la población quiere tener acceso a la propiedad y más de las dos terceras partes piden libertades económicas y políticas como concesiones que el Estado debe hacer a los ciudadanos.

Algunas de las respuestas son duras: **"Que se caiga el gobierno de los Castro"**

Otras son directas: **"Que realizara cambios radicales"**

Pensando en los próximos 5 años, nombre lo principal que le gustaría que el gobierno Cubano hiciera para mejorar su situación personal.

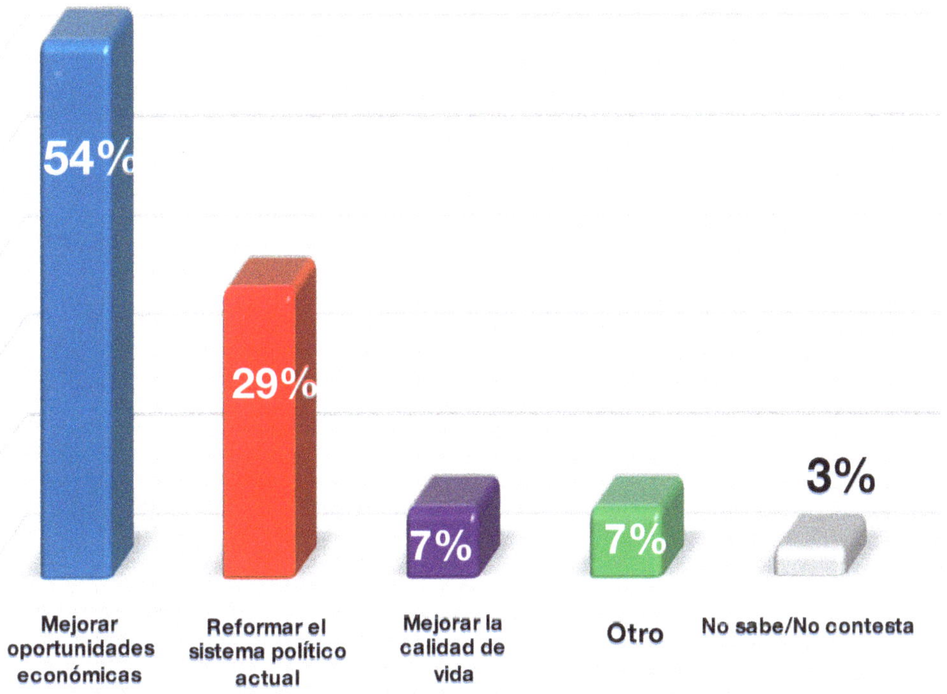

- Mejorar oportunidades económicas: 54%
- Reformar el sistema político actual: 29%
- Mejorar la calidad de vida: 7%
- Otro: 7%
- No sabe/No contesta: 3%

Pensando en los próximos 5 años, nombre lo principal que le gustaría que el gobierno cubano hiciera para mejorar su situación personal. (Frases expresadas por los entrevistados)

- *"Mas inversión extranjera para desarrollar la economía"*
- *"Al fin vender autos"*
- *"Mejorar el sistema económico"*
- *"Eliminar la doble moneda"*
- *"Pagar en CUC o eliminarlo"*
- *"Los dirigentes deben ser jóvenes con nuevas ideas"*
- *"Nuevas elecciones mas democráticas"*
- *"Que realizara cambios radicales"*
- *"Que le dé paso a la nueva generación para que gobiernen a Cuba"*
- *"Que se caiga el gobierno de los Castros"*
- *"Liberar el pueblo de su dictadura"*

Pensando en los próximos 5 años, nombre lo principal que le gustaría
que el gobierno cubano hiciera para mejorar su situación personal.

- *"Que los productos tengan mejor precio"*
- *"Que abriera nuevas opciones para la diversión y el entretenimiento"*
- *"Que los jóvenes tengan oportunidad"*
- *"Que creara más empleos y salarios justos"*
- *"Facilitar la adquisición de una vivienda"*
- *"No joder tanto al que le va bien en un negocio"*
- *"Le permita a los cubanos viajar sin restricciones y sin requisitos"*
- *"Aflojar la tuerca"*
- *"Algo más con respecto a los problemas migratorios, que el cubano tenga mas opciones y menos peros para salir de este país"*
- *"Garantizar una vejez segura y saludable"*
- *"Que cambien las regulaciones aduaneras"*
- *"Que decidiera por fin cual es el destino de los cubanos"*

¿Le gustaría abrir su propio negocio?

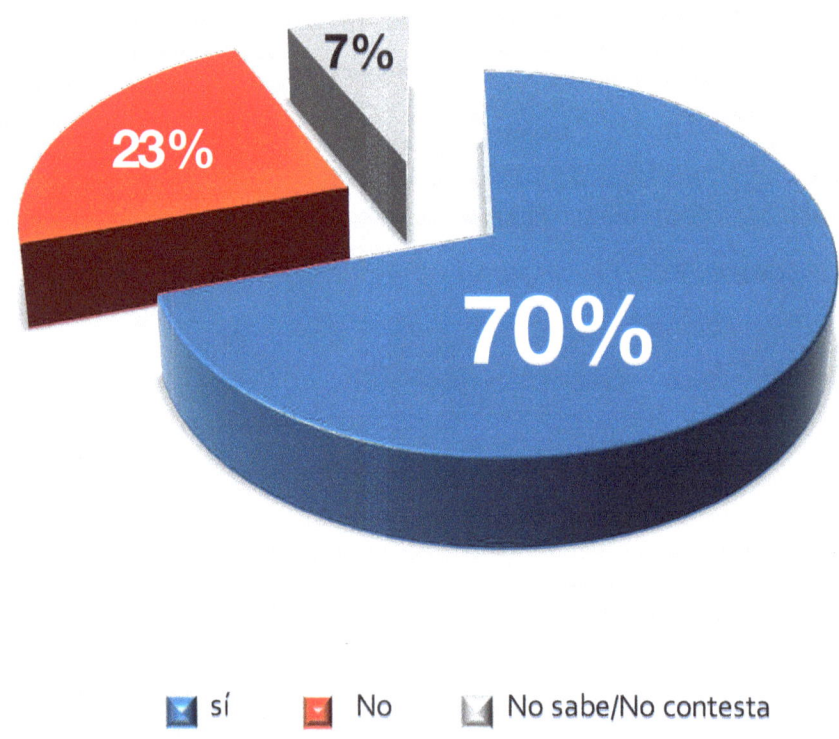

■ sí   ■ No   ■ No sabe/No contesta

¿Le gustaría abrir su propio negocio?

Por Edad

	18-49	50-65+
Sí	76%	56%
No	19%	33%
No sabe/No contesta	5%	11%

¿Alguien de su **familia inmediata ya tiene su** propio negocio?

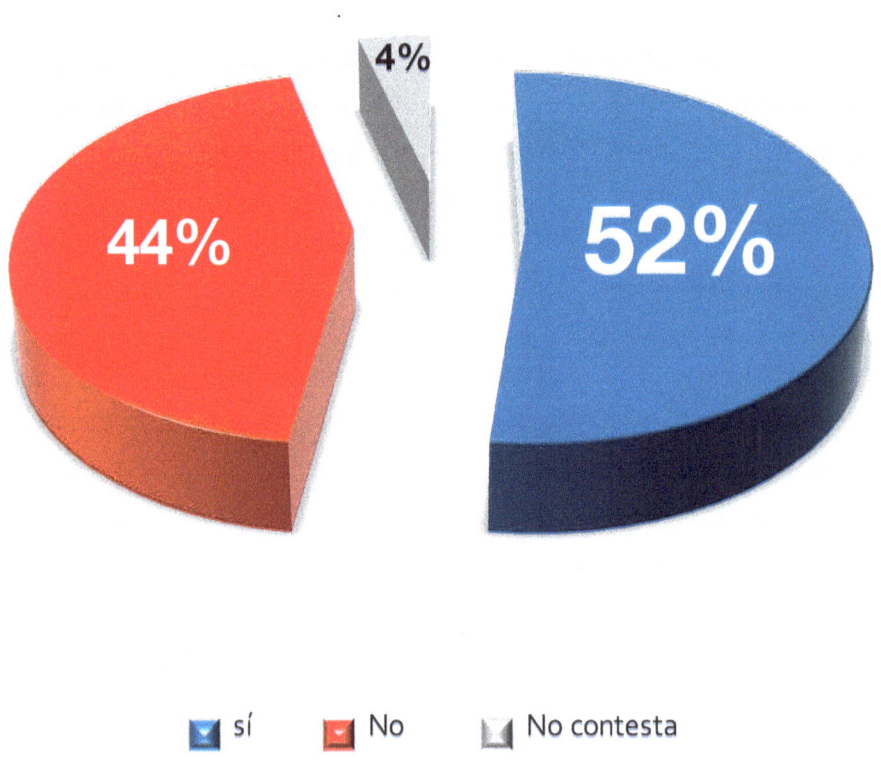

COSAS POSITIVAS Y COSAS NEGATIVAS

Los entrevistados consideran que tanto la educación, como la salud tienen buena evaluación. No así el sistema económico.

¿Qué tan satisfecho está usted con el sistema educativo que hoy existe en Cuba?

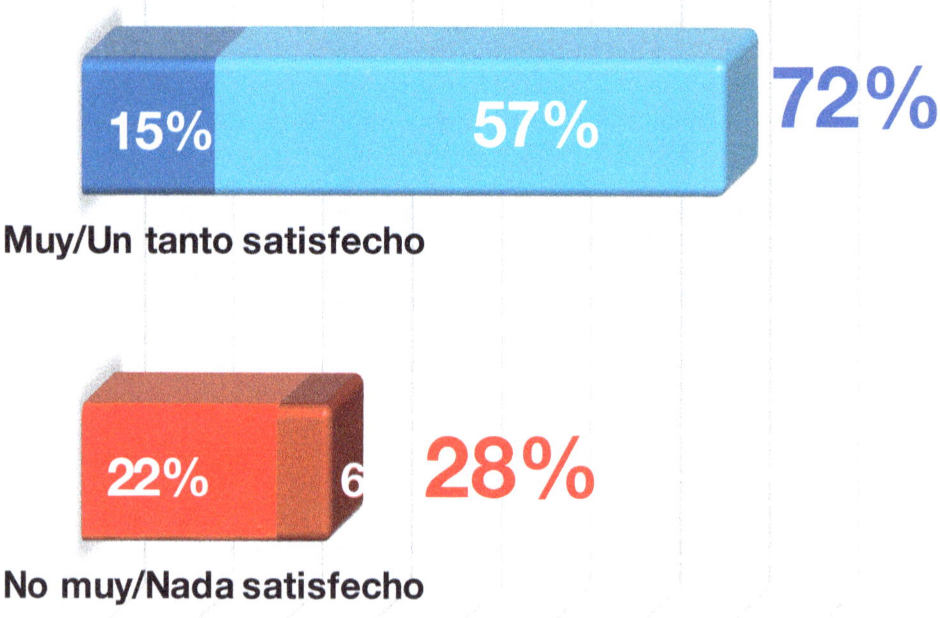

Muy/Un tanto satisfecho: 15% / 57% — **72%**

No muy/Nada satisfecho: 22% / 6 — **28%**

¿Qué tan satisfecho está usted con el sistema de salud que hoy existe en Cuba?

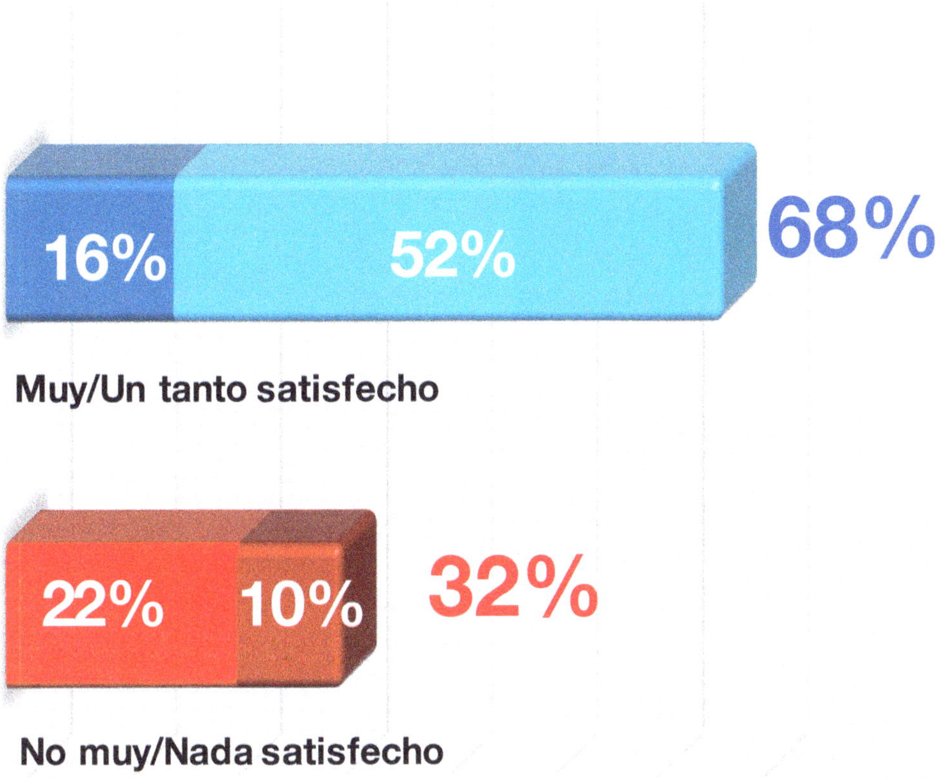

| 16% | 52% | **68%** |

Muy/Un tanto satisfecho

| 22% | 10% | **32%** |

No muy/Nada satisfecho

¿Qué tan satisfecho está usted con el sistema económico que hoy existe en Cuba?

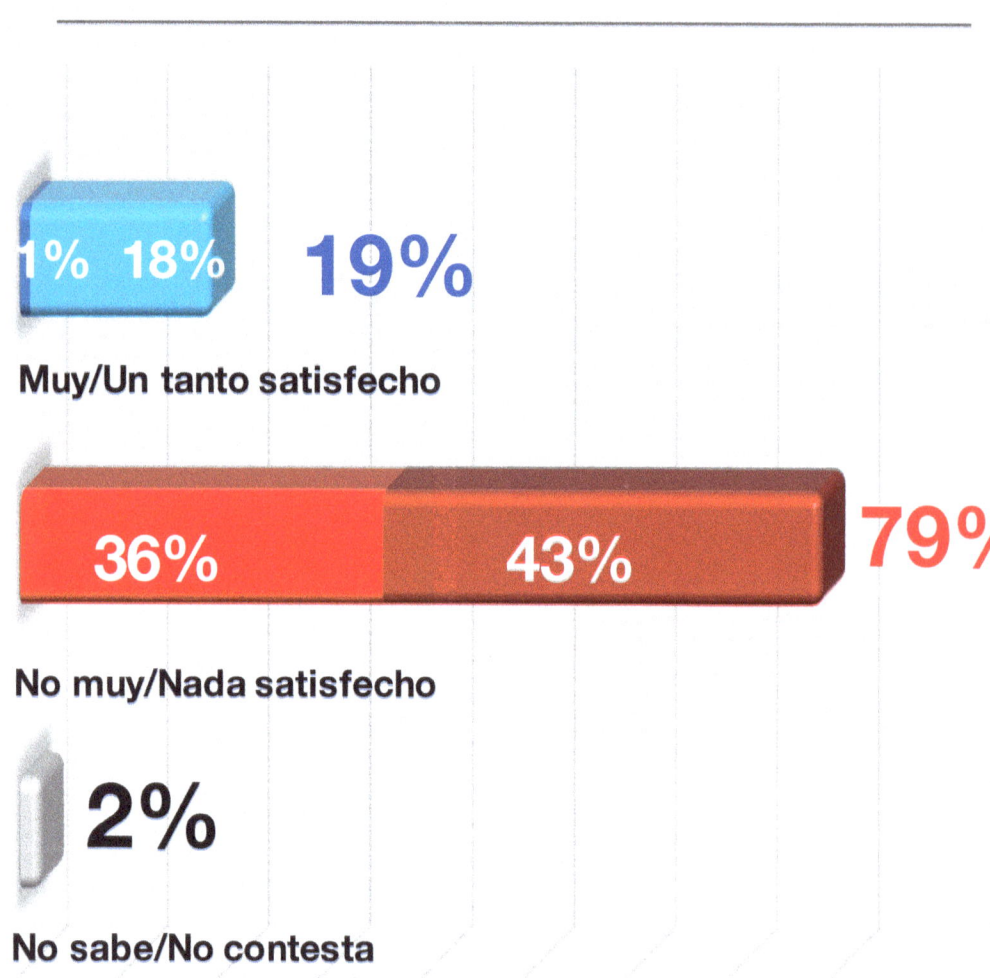

1% 18% **19%**
Muy/Un tanto satisfecho

36% 43% **79%**
No muy/Nada satisfecho

2%
No sabe/No contesta

¿Qué tan satisfecho está usted con el sistema económico que hoy existe en Cuba?

Por Edad

	18-49	**50-65+**
Satisfecho	16%	27%
Nada satisfecho	82%	71%
No sabe/No contesta	2%	2%

LA CUBA DE LA DIÁSPORA

Las dos terceras partes de la población cubana tiene un familiar en el extranjero. Esta relación es sólida, ya que la comunicación con ese familiar es muy frecuente, a veces diaria.

Aunque la diáspora se extiende por todo el mundo, y no es difícil encontrar núcleos cubanos en los lugares más insólitos del planeta, la concentración mayor es en Estados Unidos.

Ese familiar le manda recursos, especialmente los hermanos que emigraron, más que los padres o cualquier otro familiar o amigo. Casi la mitad manda entre una vez y dos veces al mes. Luego es una fuente importante de recursos de los cuales se benefician más los miembros de la población blanca, porque los demás emigran menos.

¿Tiene familia en otro país?

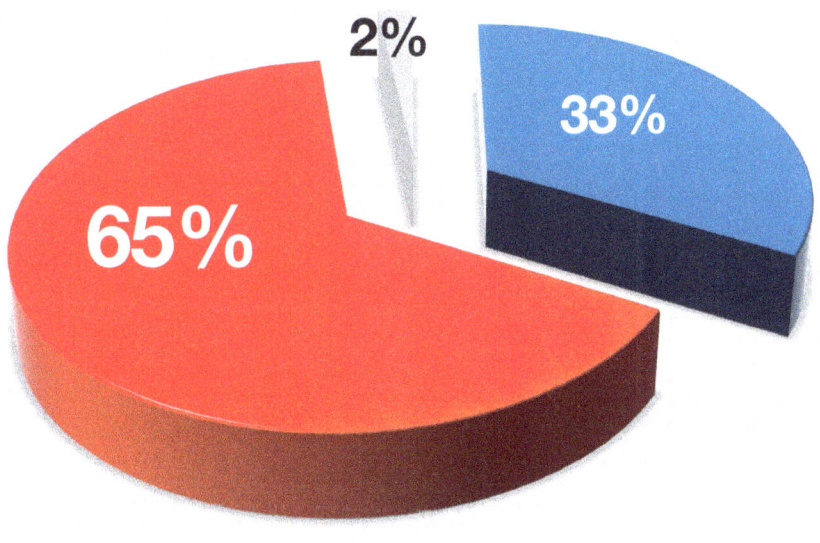

■ sí ■ No ■ No sabe/No contesta

¿Tiene familia en otro país?

	Blanco	Mulato	Negro
sí	37%	26%	25%
No	61%	70%	75%
No sabe/No contesta	2%	4%	-

¿En qué país vive la mayoría de su familia?
Entre aquellos que tienen familia en el extranjero

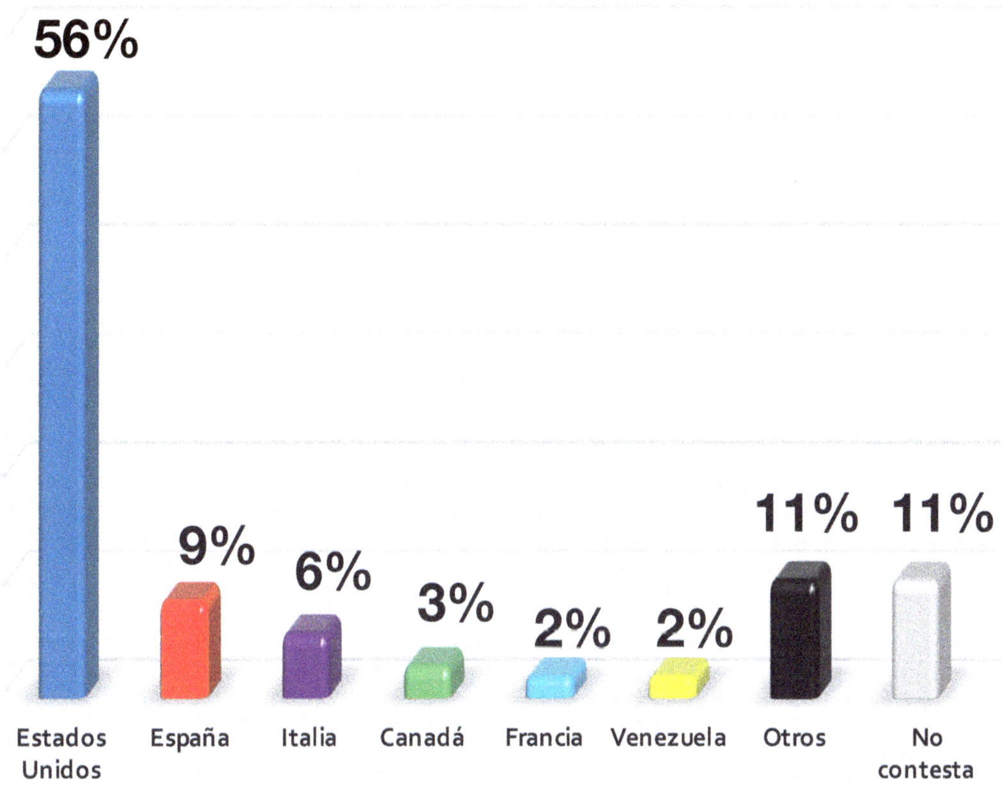

Estados Unidos	España	Italia	Canadá	Francia	Venezuela	Otros	No contesta
56%	9%	6%	3%	2%	2%	11%	11%

¿Con qué frecuencia se comunica usted con su familiar en el extranjero?

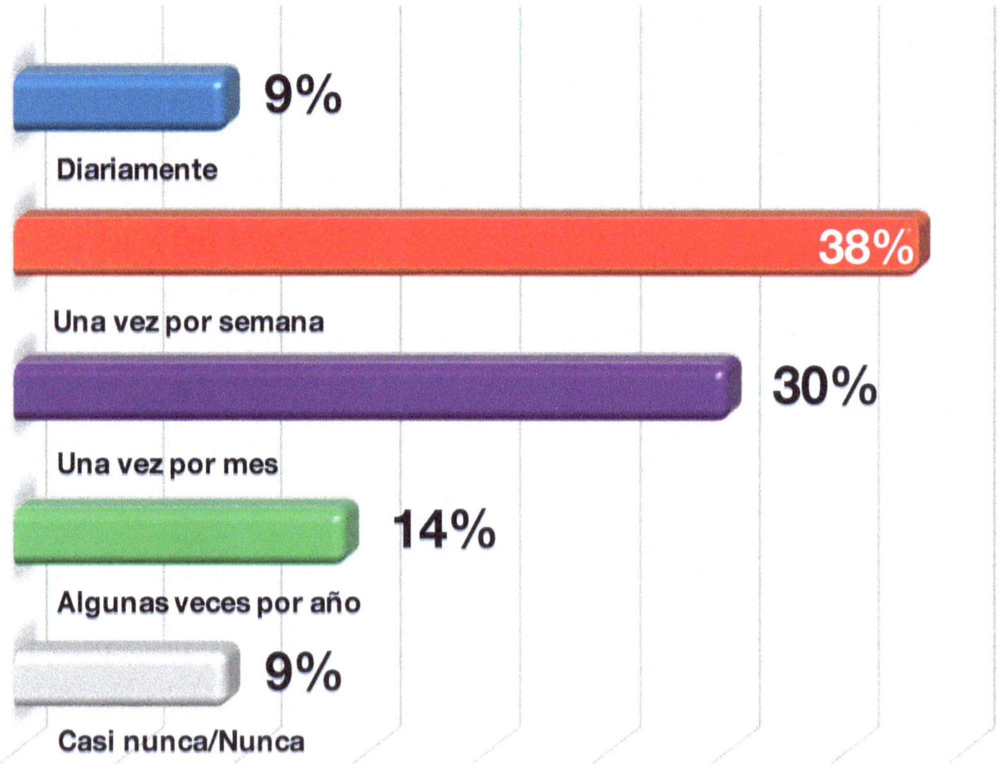

9%
Diariamente

38%
Una vez por semana

30%
Una vez por mes

14%
Algunas veces por año

9%
Casi nunca/Nunca

REMESAS A CUBA

¿Recibe usted dinero de un familiar o conocido que vive en otro país?

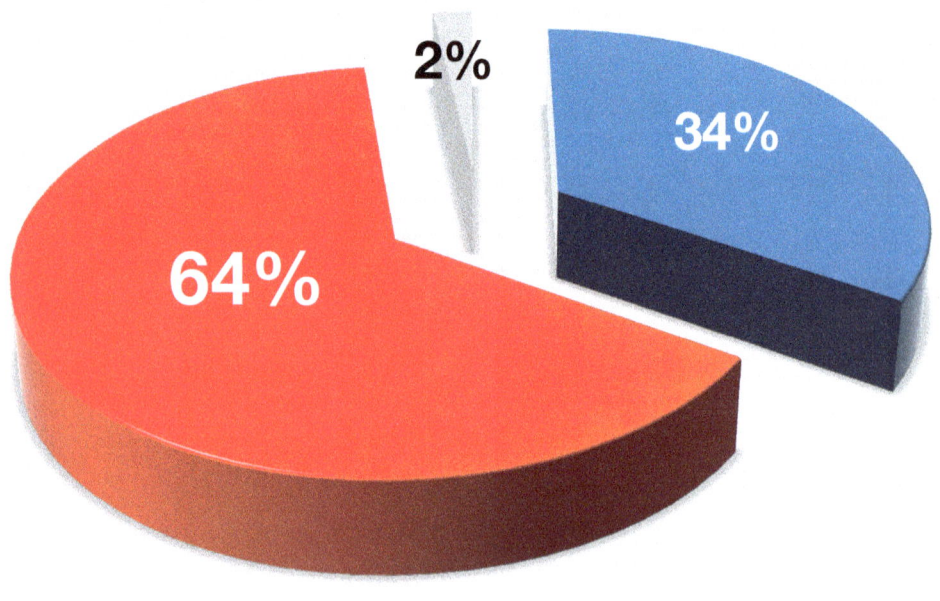

sí   No   No contesta

¿En qué país vive su familiar o conocido que le envía dinero?

Preguntado solo a personas que reciben remesas

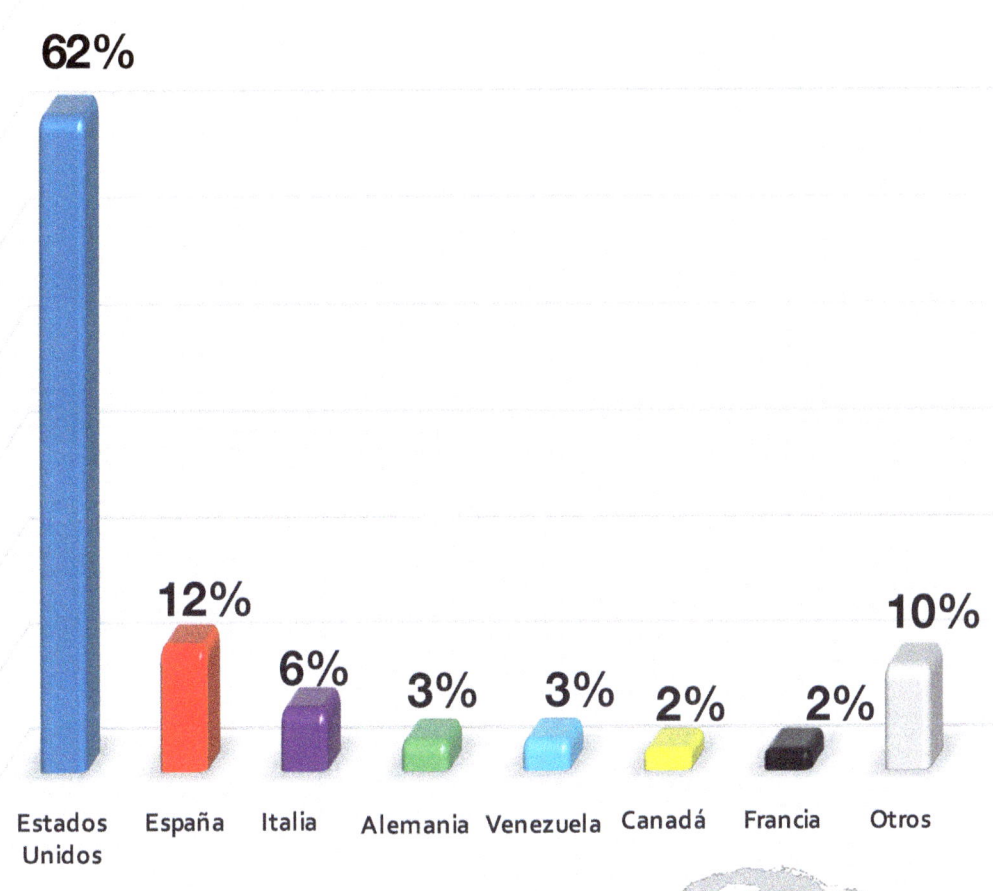

¿Quién le envía dinero a usted?

Preguntado solo a personas que reciben remesas
(Aceptar múltiples respuestas)

Hermano/Hermana	43%
Otro tipo de familiar	31%
Amigo/Amiga	21%
Hijo/Hija	17%
Madre/Padre	13%
Esposo/Esposa	7%
No contesta	1%

¿Con qué frecuencia recibe dinero?

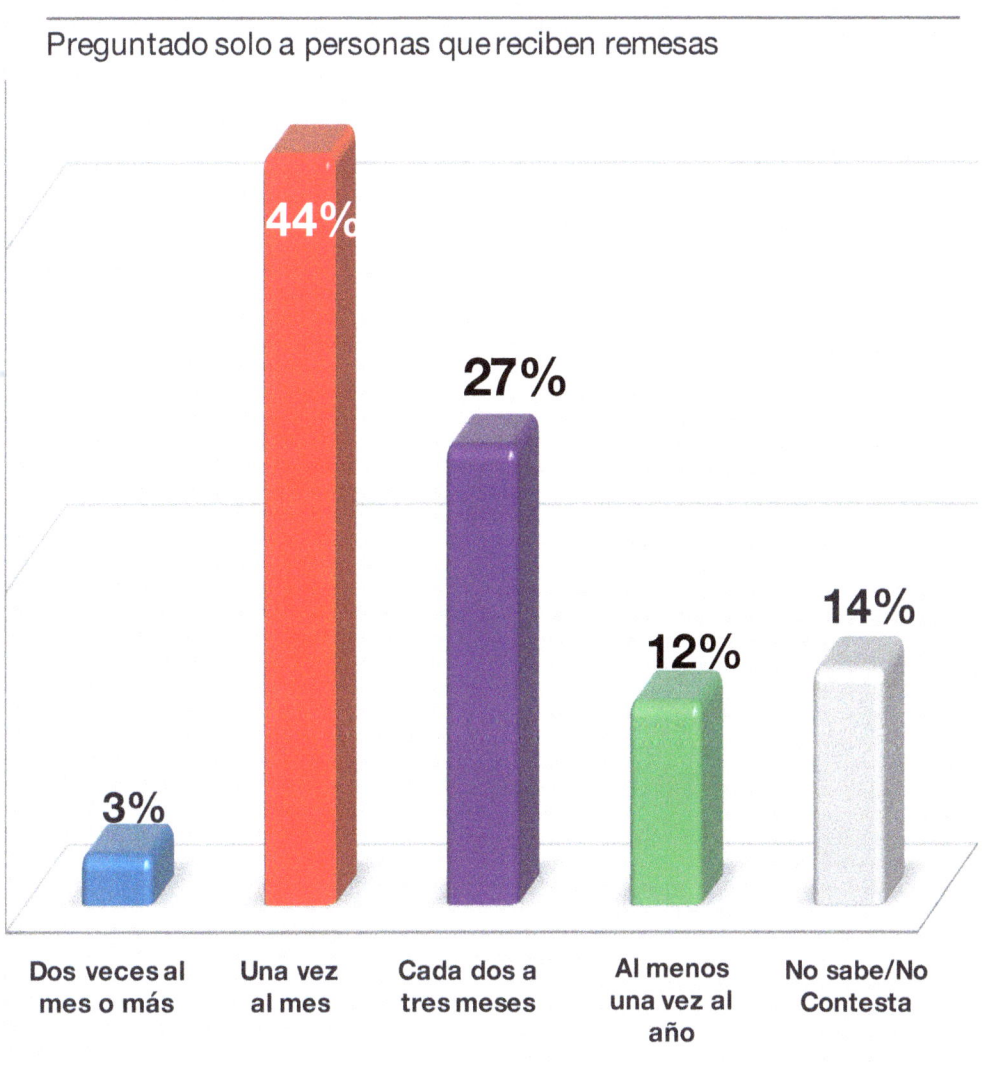

Preguntado solo a personas que reciben remesas

- Dos veces al mes o más: 3%
- Una vez al mes: 44%
- Cada dos a tres meses: 27%
- Al menos una vez al año: 12%
- No sabe/No Contesta: 14%

¿Hace cuántos años que recibe dinero?

Preguntado sólo a personas que reciben remesas

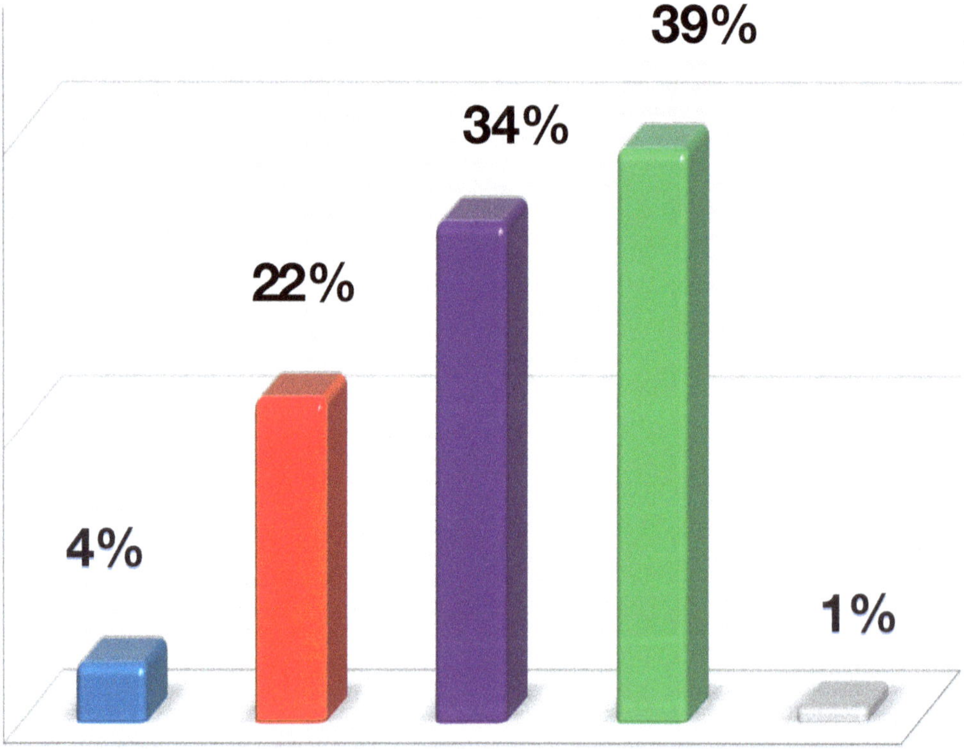

Menos de un año	Entre uno y tres años	Entre tres y cinco años	Más de cinco años	No Sabe/No contesta
4%	22%	34%	39%	1%

Aproximadamente ¿cuánto dinero le envía su familiar cada año?

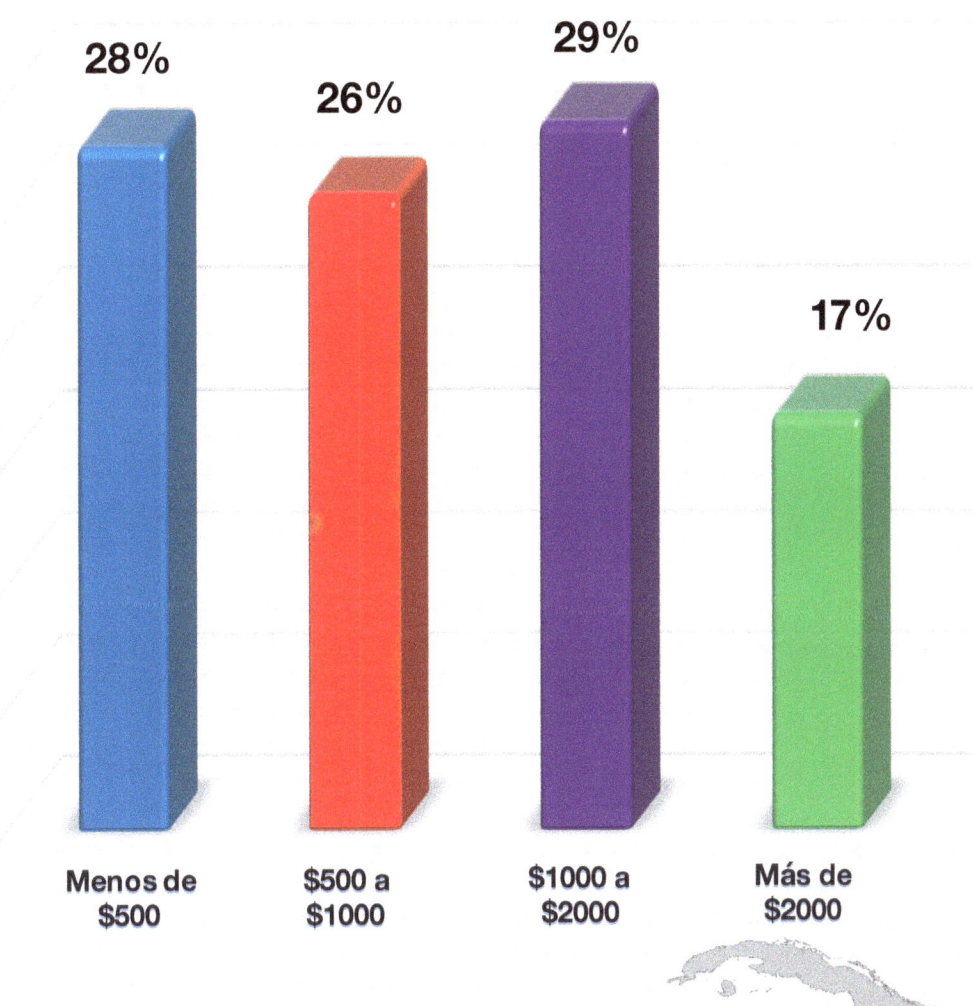

Preguntado solo a personas que reciben remesas

- Menos de $500: 28%
- $500 a $1000: 26%
- $1000 a $2000: 29%
- Más de $2000: 17%

¿Comparte usted con otra persona el dinero que le envían?
¿Con cuántas personas?

Preguntado solo a personas que reciben remesas

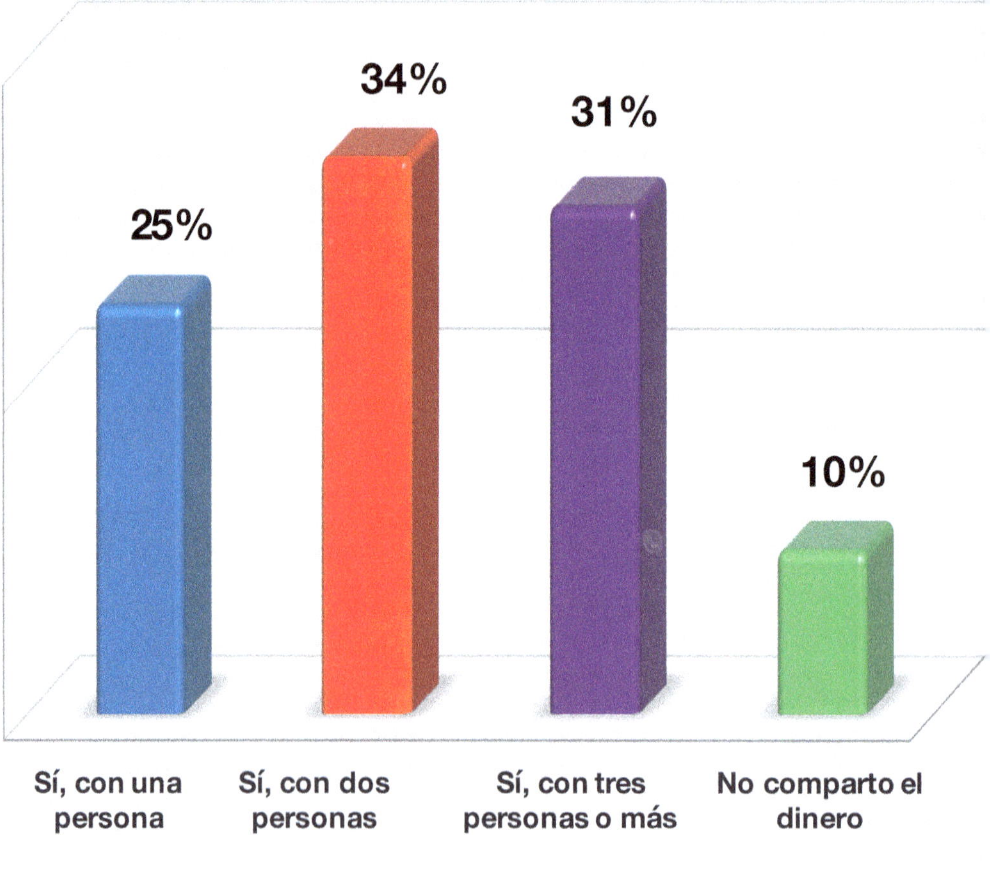

- Sí, con una persona: 25%
- Sí, con dos personas: 34%
- Sí, con tres personas o más: 31%
- No comparto el dinero: 10%

¿En qué emplea usted la mayoría del dinero que recibe del exterior?

Preguntado solo de personas que reciben remesas
(Aceptar múltiples respuestas)

Gastos asociados con la vivienda	94%
Adquirir algún lujo	44%
Ahorra	39%
Gastos de educación	17%
Invierte en un negocio	11%
Compra un propiedad	2%
Otra cosa	9%
No contesta	1%

Impacto de las remesas a Cuba

- *El 34% de los adultos cubanos reciben remesas regularmente. Según los datos del censo más reciente, hay aproximadamente 8.9 millones de adultos cubanos.*

- *La remesa promedio total recibida es de **$1,019.35 USD** al año.*

- *La encuesta muestra que aproximadamente 3.026.000 adultos cubanos reciben alrededor de **$3.084 mil millones USD** en remesas cada año.*

- *Esta cifra anual es tres veces mayor que la entregada por Chávez al gobierno de Castro durante el año 2010.*

LA PERENNE TENTACIÓN DE MIGRAR

El desagrado por la situación económica y la política, más lo cercano que se le hace Miami a muchos cubanos, que allí tienen familiares, amigos y muchas facilidades de visado y estatus legal, hacen que el cubano desee irse. Más de la mitad de la población así lo desea. En el caso de los jóvenes, que no ven un futuro cierto y tienen menos arraigo, ese porcentaje sube al 70%.
La inconformidad de los jóvenes se ve cada vez más en manifestaciones artísticas y en la libre expresión de sus ideas. Estas manifestaciones son violentamente reprimidas por el gobierno.

Si bien es cierto que algunos cubanos abandonan la Isla por razones económicas, el factor político persiste en su deseo de emigrar. No es cierto que los cubanos emigren solamente para buscar una vida económicamente mejor, en esa decisión juega también la falta de libertad política y la persecución a todo aquel que piense distinto y lo manifieste.

El destino más frecuente es Estados Unidos.

¿Le gustaría irse a vivir a otro país?

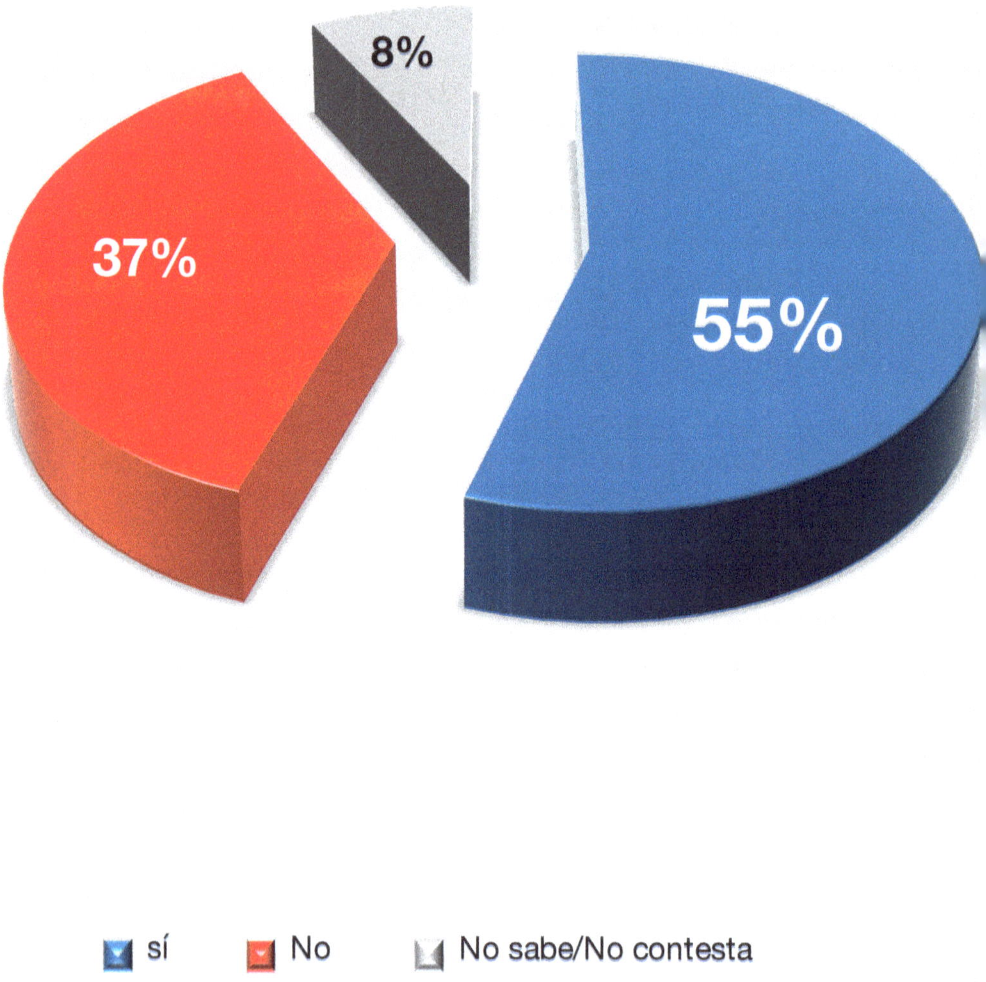

8%

37%

55%

■ sí   ■ No   ■ No sabe/No contesta

¿En que otro país le gustaría vivir?

Entre aquellos que quieren irse a vivir a otro país

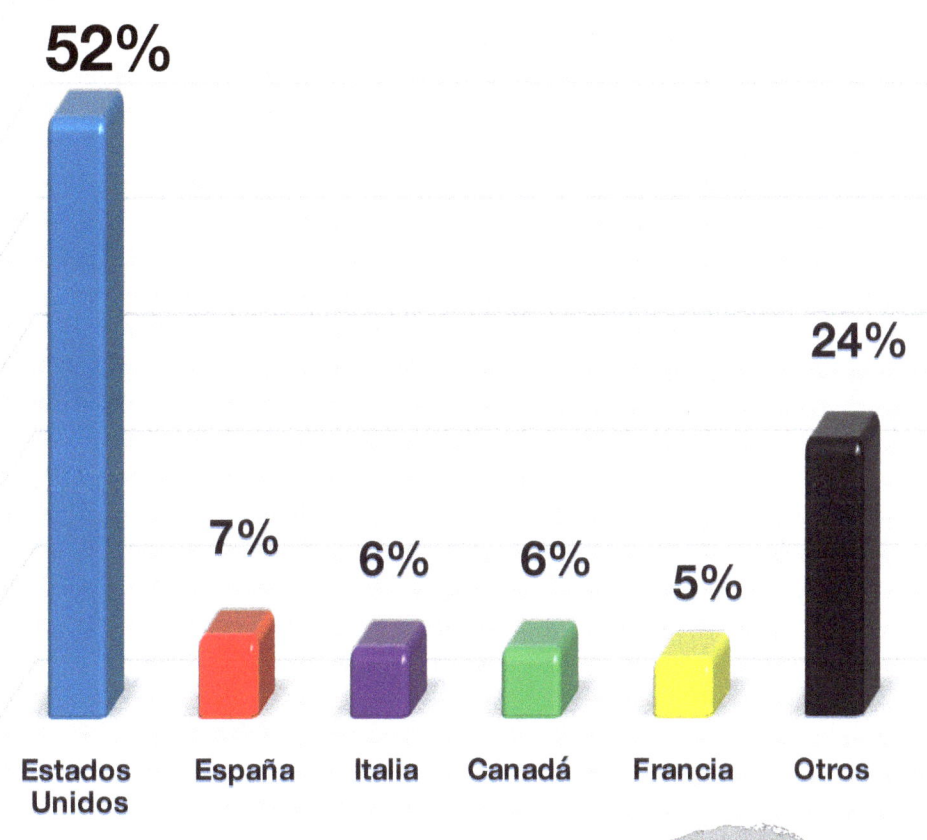

POLÍTICA EE.UU.-CUBA

Política EEUU/Cuba

Para los Estados Unidos, el embargo comercial fue una medida política. Para el exilio cubano, fue la única compensación contra los abusos del sistema comunista. Pero para los cubanos de la Isla, el embargo significó limitaciones, hambre, necesidades. Los embargos no suelen ser efectivos. La historia lo ha demostrado desde el bloqueo napoleónico a Inglaterra, hasta el aislamiento del régimen franquista, porque los países no son fortalezas fáciles de aislar. Son vastos territorios con inmensas fronteras a través de las cuales pueden entrar las mercancías prohibidas. Los gobiernos no sufren, como el gobierno cubano no ha carecido de nada, pero los pueblos sí.

Por eso los cubanos entrevistados en esta encuesta apoyan casi unánimemente el restablecimiento de relaciones con los Estados Unidos y el cese del embargo.

Para ellos esta apertura les significa más empleos, más posibilidades económicas, menos hambre y sobre todo, una gran esperanza. Desean que a Cuba vengan supermercados, farmacias, tiendas por departamentos, que se fabriquen viviendas gracias a inversiones norteamericanas y que arriben automóviles nuevos.

Pero no es una esperanza tonta. Es algo muy bien pensado. Creen que habrá un progreso económico, pero que no habrá mejoras políticas. En esto son muy realistas. No habrá nuevos partidos, ni libertades políticas.

Creen que esta nueva etapa beneficiará a Cuba más que a Estados Unidos.

Piensan que Raúl Castro debe visitar Estados Unidos y Barak Obama visitar Cuba.

¿Piensa usted que la normalización de relaciones entre Cuba y Estados Unidos es bueno para Cuba, es malo para Cuba, o piensa usted que no tiene importancia para Cuba?

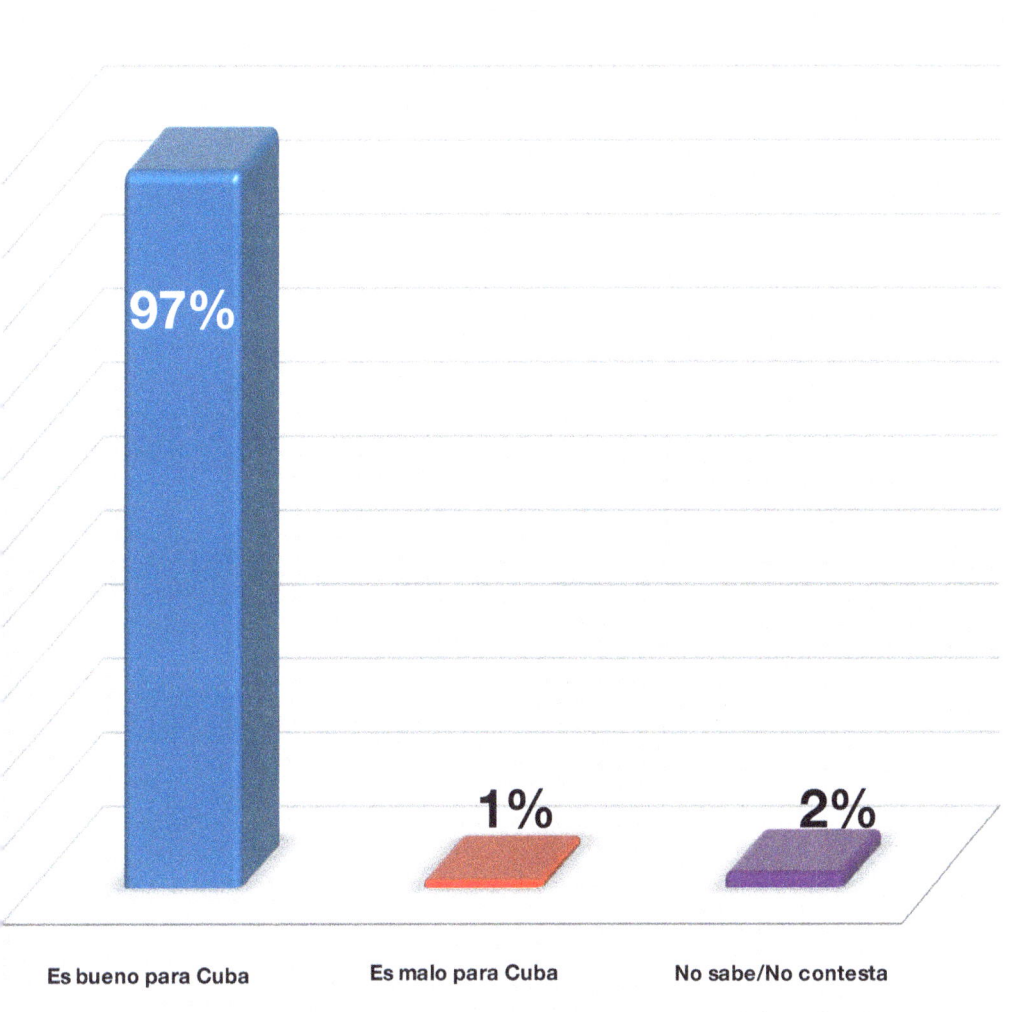

En su opinión, ¿el anuncio del gobierno de Cuba y del gobierno de Estados Unidos favorece más a Cuba, favorece más a Estados Unidos, o favorece a ambos por igual?

Favorece más a Cuba	Favorece más a Estados Unidos	Favorece a ambos por igual	No sabe/No contesta
58%	5%	33%	4%

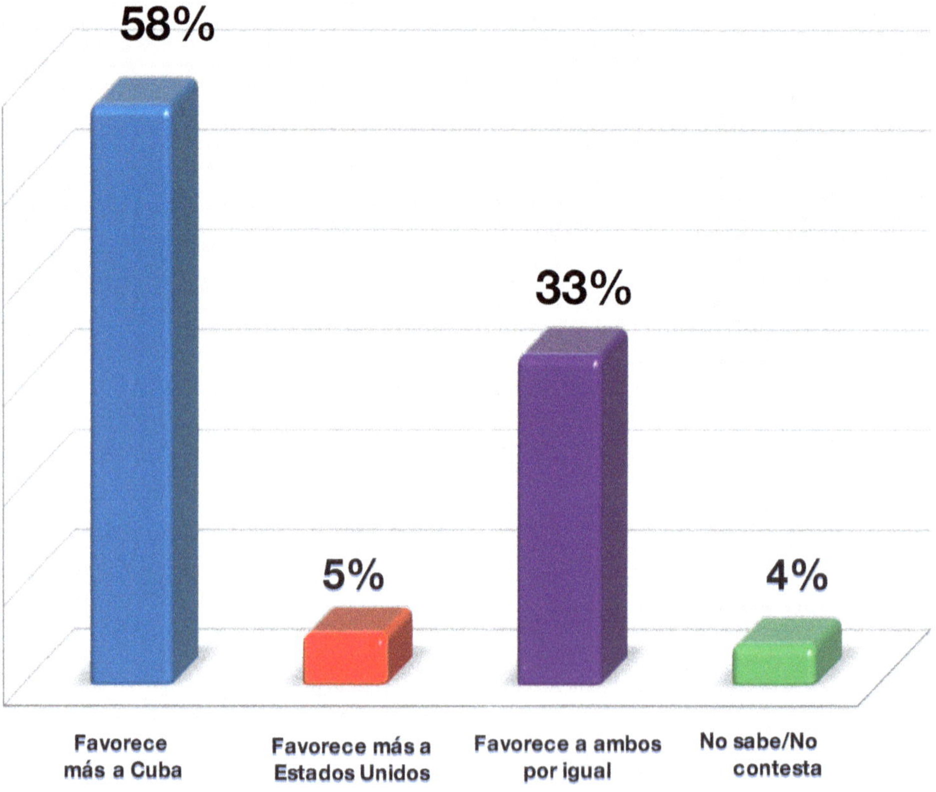

En su opinión, ¿el anuncio del gobierno de Cuba y del gobierno de Estados Unidos favorece más a Cuba, favorece más a Estados Unidos, o favorece a ambos por igual?

Por Edad

	18-49	50-65+
Favorece más a Cuba	63%	47%
Favorece más Estados Unidos	5%	6%
Favorece a ambos por igual	30%	40%
No sabe/No contesta	2%	7%

¿Considera usted que la normalización de relaciones entre Cuba y Estados Unidos cambiará en algo el <u>sistema económico</u> que hoy existe en Cuba o piensa usted que seguirá el mismo sistema económico?

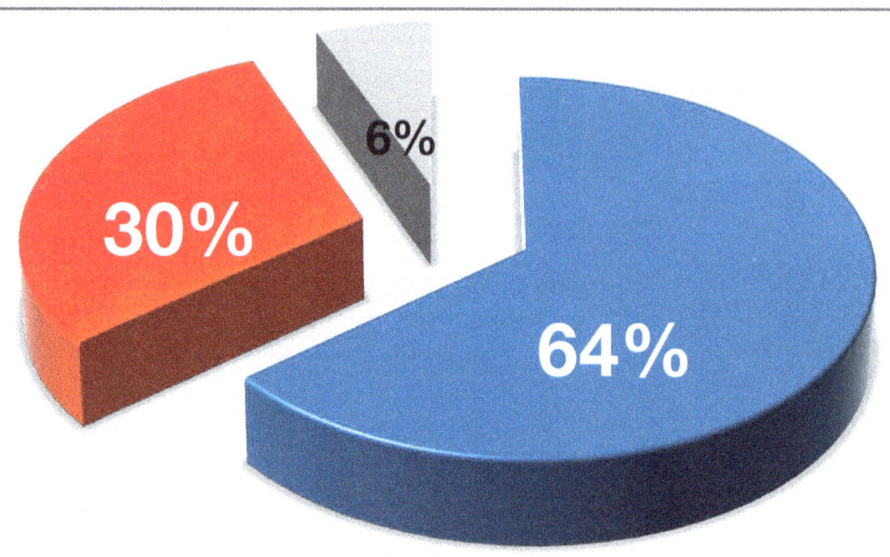

- Cambiará el sistema económico
- Seguirá el mismo sistema económico
- No sabe/No contesta

¿Considera usted que la normalización de relaciones entre Cuba y Estados Unidos cambiará en algo el sistema político que hoy existe en Cuba o piensa usted que seguirá el mismo sistema político?

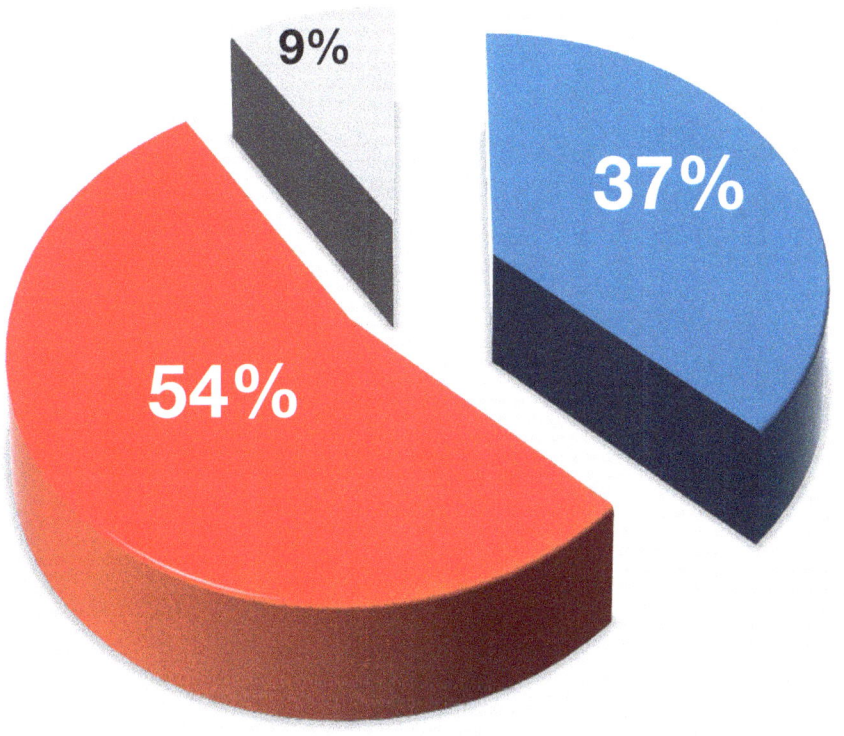

- Cambiará el sistema político
- Seguirá el mismo sistema político
- No sabe/No contesta

¿Piensa usted que ante la normalización de relaciones entre Cuba y Estados Unidos, el gobierno de Cuba estaría dispuesto a permitir que otros partidos políticos existan en Cuba?

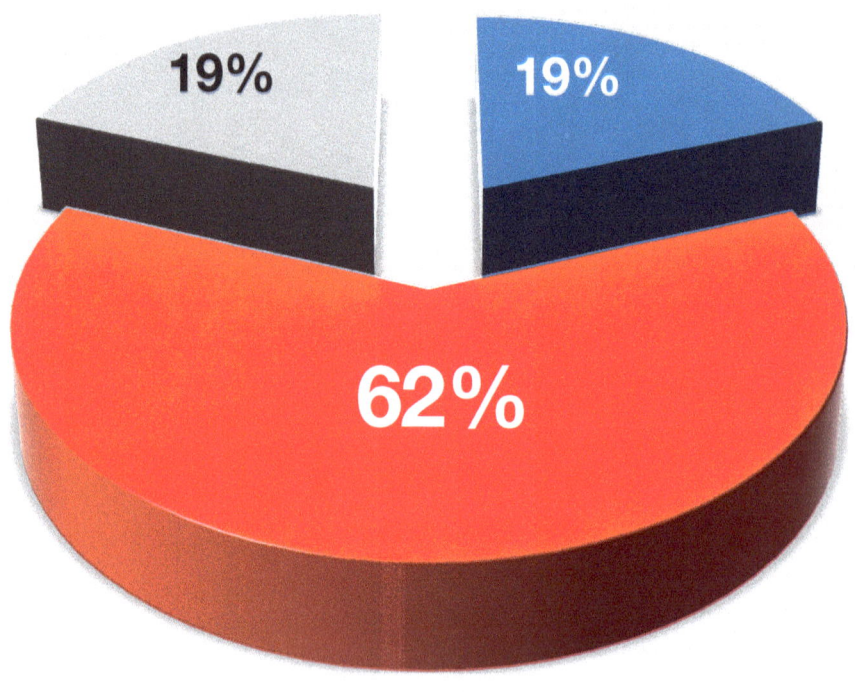

sí   No   No sabe/No contesta

¿Cree usted que el embargo de los Estados Unidos hacia Cuba, conocido en Cuba como el bloqueo, debería continuar o no debería continuar?

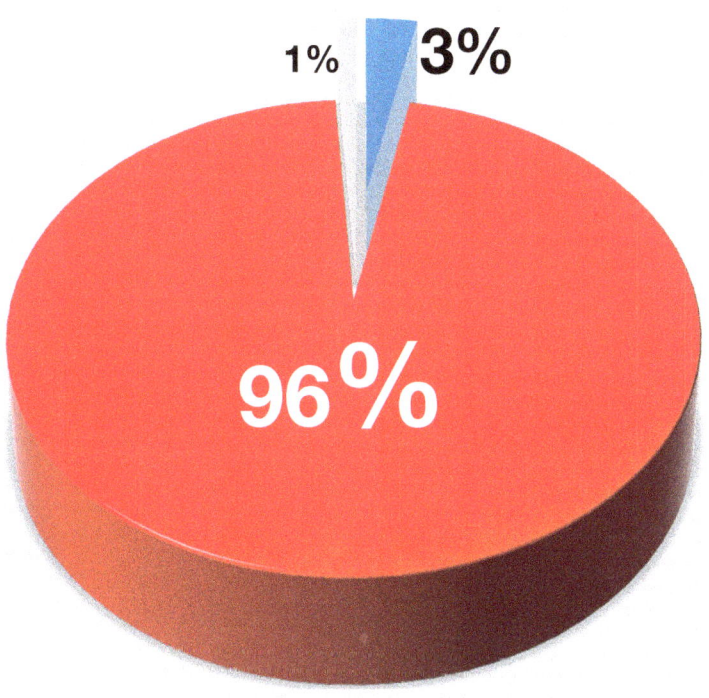

- No debería continuar
- Debería continuar
- No sabe/No contesta

Algunos medios dicen que el turismo puede beneficiar a Cuba porque creará empleos, traerá riquezas y mejorará la situación general, pero otros dicen que traerá vicios, corrupción y dañará los valores de la Revolución. ¿Qué cree usted, qué beneficiará o perjudicará a Cuba?

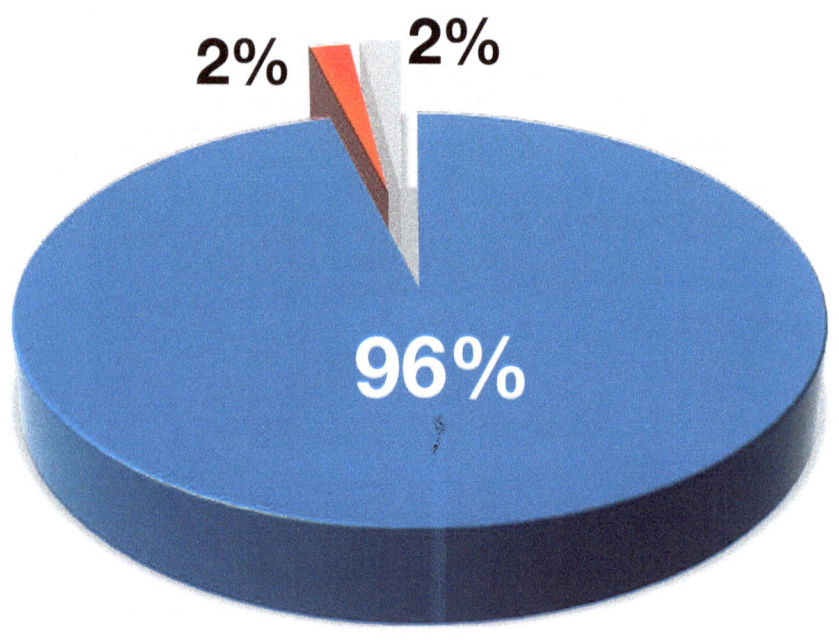

Beneficiará a Cuba   Perjudicará a Cuba   No sabe/No contesta

¿Cree usted que los exiliados cubanos regresarán a Cuba a reclamar las propiedades que perdieron cuando dejaron la Isla?

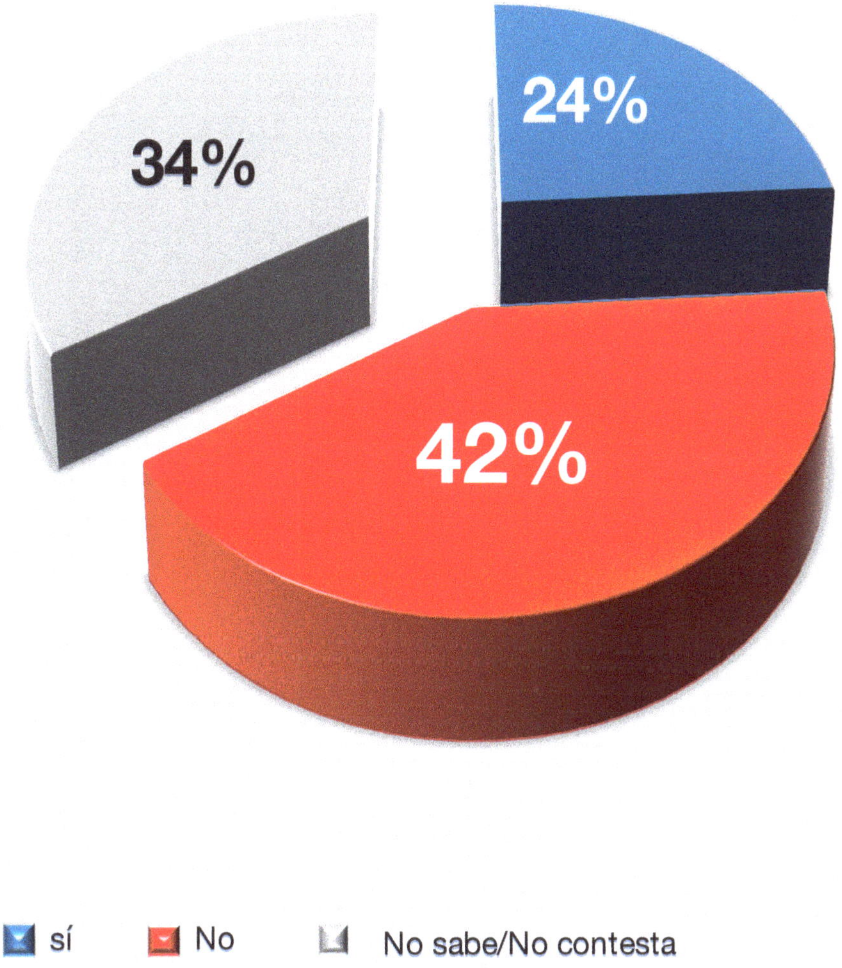

- 24%
- 42%
- 34%

■ sí   ■ No   ■ No sabe/No contesta

Pensando en la apertura comercial, ¿qué productos o servicios norteamericano desearía usted que se ofrezcan en Cuba?
(Aceptar máximo de tres respuestas solamente)

Súper mercados	43%
Viviendas	41%
Farmacias	40%
Automóviles	35%
Telefonía	34%
Tiendas por departamento	28%
Hotelería	16%
Programas de televisión y radio	16%
Restaurantes	15%
Computadoras	13%
Otro	4%
No sabe/No contesta	3%

¿Cree usted que el Comandante Raúl Castro debería visitar Estados Unidos?

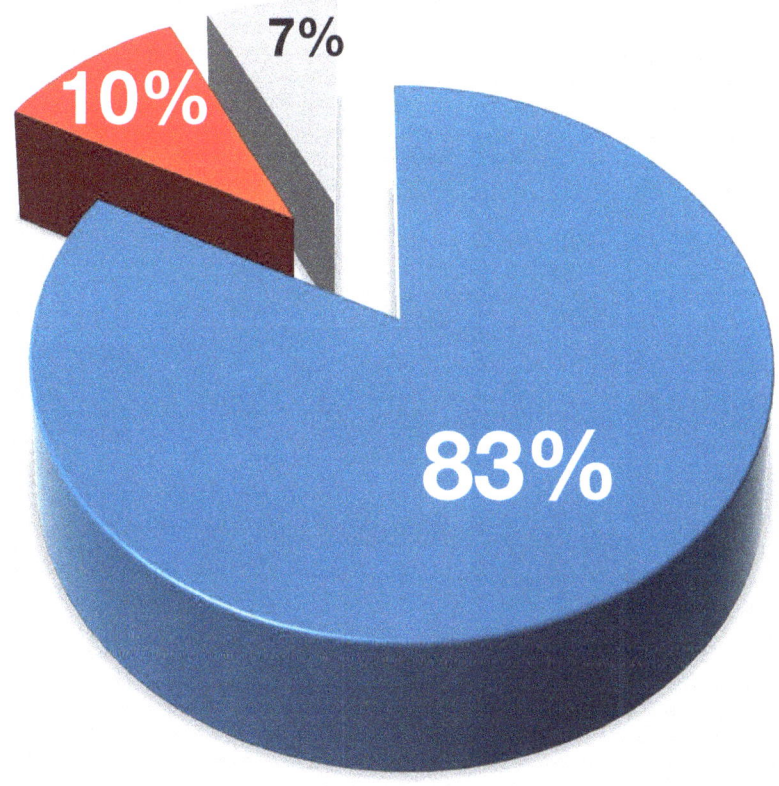

sí   No   No sabe/No contesta

¿Cree usted que el presidente de los Estados Unidos Barack Obama debería visitar Cuba?

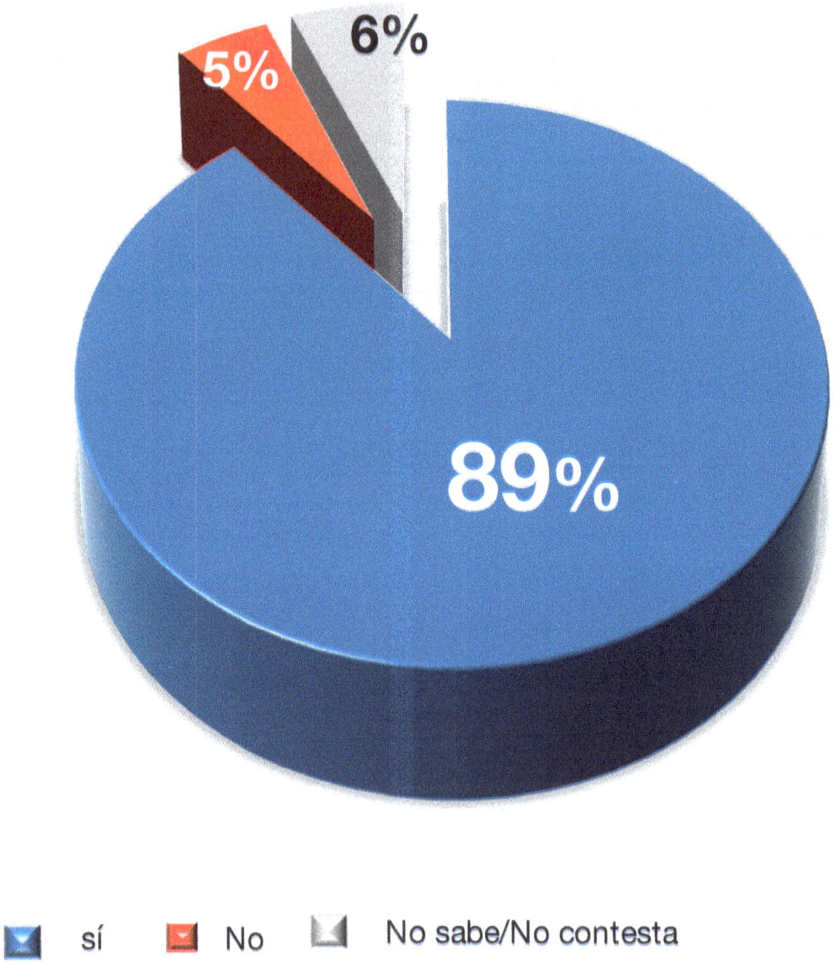

- sí
- No
- No sabe/No contesta

ESTAS NUEVAS REALIDADES LOS HACEN SENTIRSE OPTIMISTAS

Pensando en su futuro y el de su familia, ¿se siente optimista o pesimista?

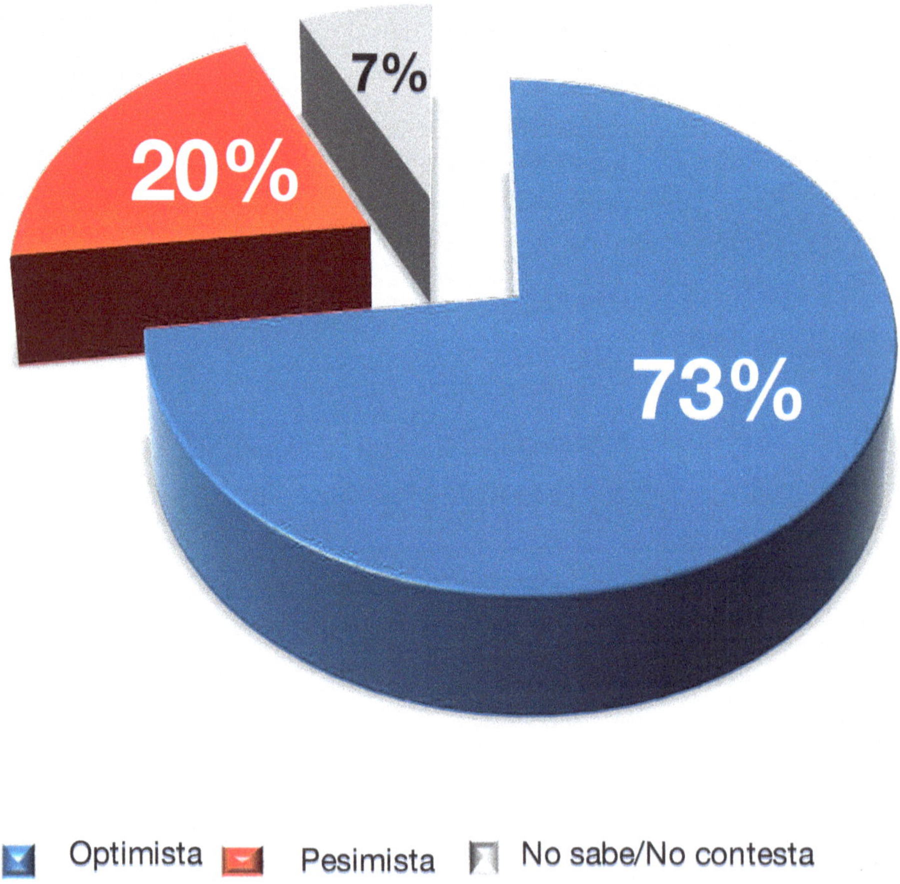

- Optimista: 73%
- Pesimista: 20%
- No sabe/No contesta: 7%

Pensando en su futuro y el de su familia, ¿se siente optimista o pesimista?

Por Raza

	Blanco	Mulato	Negro
Optimista	77%	70%	57%
Pesimista	16%	24%	32%
No sabe/No contesta	7%	6%	11%

Pensando en su futuro y el de su familia, ¿se siente optimista o pesimista?

Por Edad

	18-49	50-65+
Optimista	75%	68%
Pesimista	20%	21%
No sabe/No contesta	5%	11%

LA SITUACIÓN POLÍTICA Y LOS PERSONAJES POLÍTICOS

Solamente el 2% de la población está *muy* satisfecha con el sistema político imperante en Cuba. Pero el 34% está *nada* satisfecho.

Este sentimiento proviene de la falta de libertad que la gente siente, aunque lleven más de 50 años viviendo sin libertades.

Dice uno de los entrevistados: **"Porque es un yugo"** como una formula muy concreta de reflejar lo que se siente.

La mayoría quiere otros partidos políticos, piensa bien de la oposición y muy mal del Partido Comunista.

Las dos terceras partes de la población piensa que no debe opinarse libremente.

Los personajes externos, como el Presidente Obama o el Rey de España son mucho mejor evaluados que Raúl y Fidel Castro. Estos dos últimos son evaluados negativamente a pesar de la maquinaria de propaganda del gobierno que siempre los hace aparecer como los héroes, mientras al presidente norteamericano lo han hecho aparecer como un personaje negativo.

¿Qué tan satisfecho está usted con el sistema político que hoy existe en Cuba?

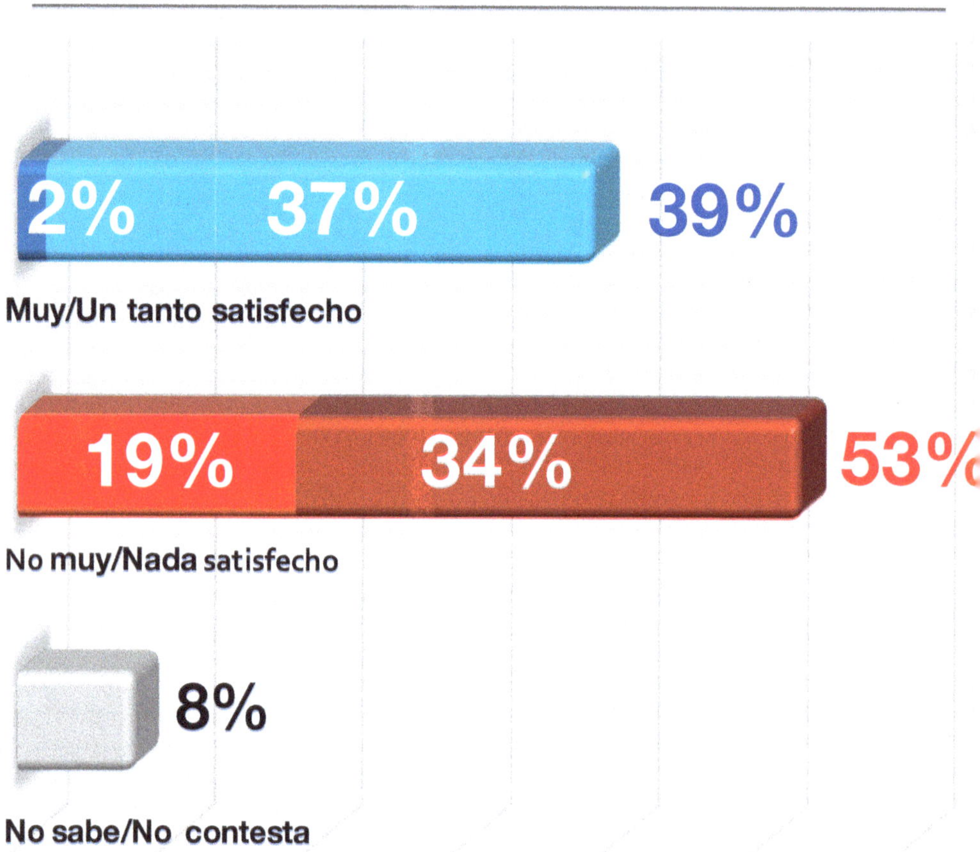

2% **37%** **39%**
Muy/Un tanto satisfecho

19% **34%** **53%**
No muy/Nada satisfecho

8%
No sabe/No contesta

¿Por qué no está satisfecho con el <u>sistema político</u> que hoy existe en Cuba?

- *"Porque su forma de explicar los hechos es según convenga"*
- *"Porque pensamos que era una cosa antes del 59 y es otra muy diferente"*
- *"Porque llevamos mas de cinco décadas acarreando los mismos errores"*
- *"Siempre que hace algo es para desventaja nuestra"*
- *"Porque llevamos cincuenta años y no vemos nada"*
- *"No sirve para un país que necesita desarrollarse"*
- *"Porque es un fraude de 59 años de edad"*
- *"Porque somos esclavos"*

¿Por qué no está satisfecho con el sistema político que hoy existe en Cuba?

- *"Porque la economía no levanta y nos vamos quedando sin esperanzas"*
- *"Porque una mala economía es señal de una mala política"*
- *"Porque es un yugo"*
- *"Yo no elegí mi presidente"*
- *"No hay democracia ni libertad de expresión"*
- *"Es asfixiante y nada progresista"*
- *"Porque es rígido; su flexibilidad llega hasta sus narices"*
- *"Porque la política de Cuba usa al pueblo de escudo"*
- *"Me siento sin poder expresarme"*
- *"El pueblo no tiene opinión"*
- *"Por los cincuenta que nos llevan explotando"*
- *"Porque es rígido y lleno de corrupción"*
- *"Explotación al máximo"*

¿Por qué no está satisfecho con el sistema político que hoy existe en Cuba?

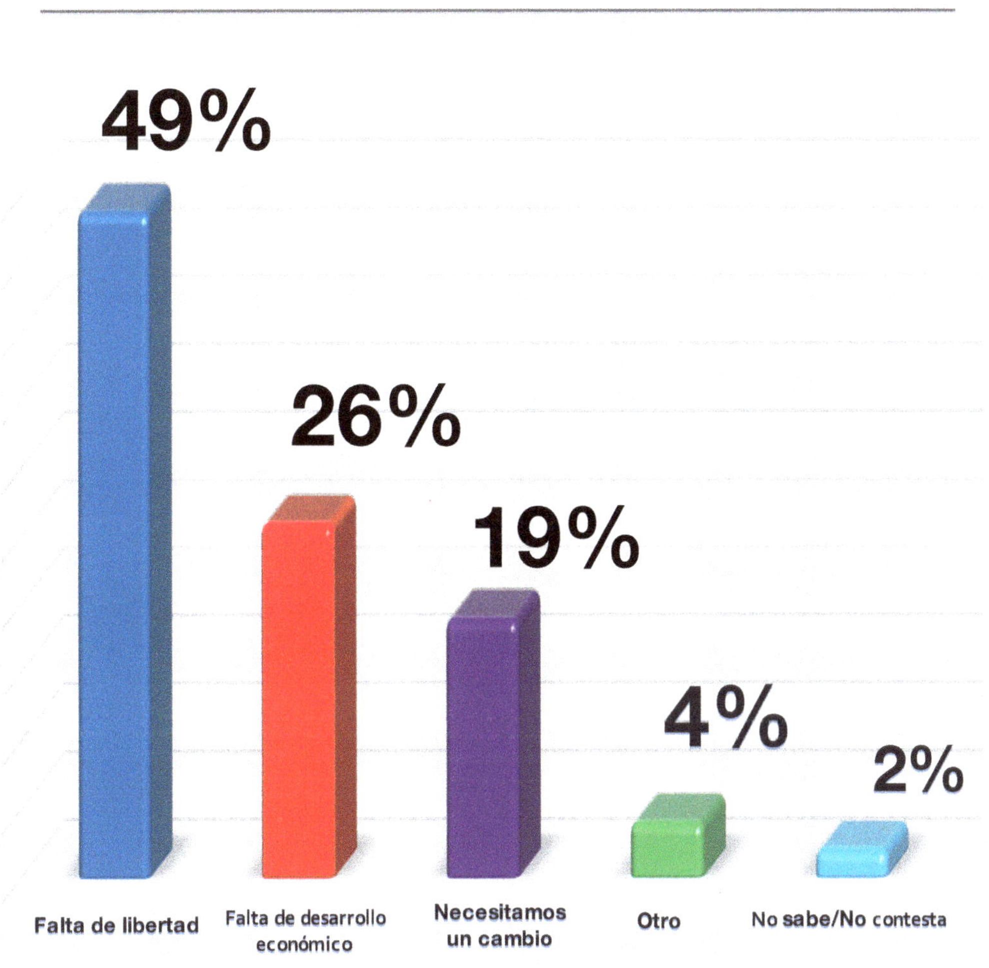

- **49%** Falta de libertad
- **26%** Falta de desarrollo económico
- **19%** Necesitamos un cambio
- **4%** Otro
- **2%** No sabe/No contesta

¿Cree usted que debe haber más partidos políticos en Cuba o cree usted que es suficiente con el que hay?

52%

28%

20%

Debe haber más partidos políticos

Es suficiente con el que hay

No sabe/No contesta

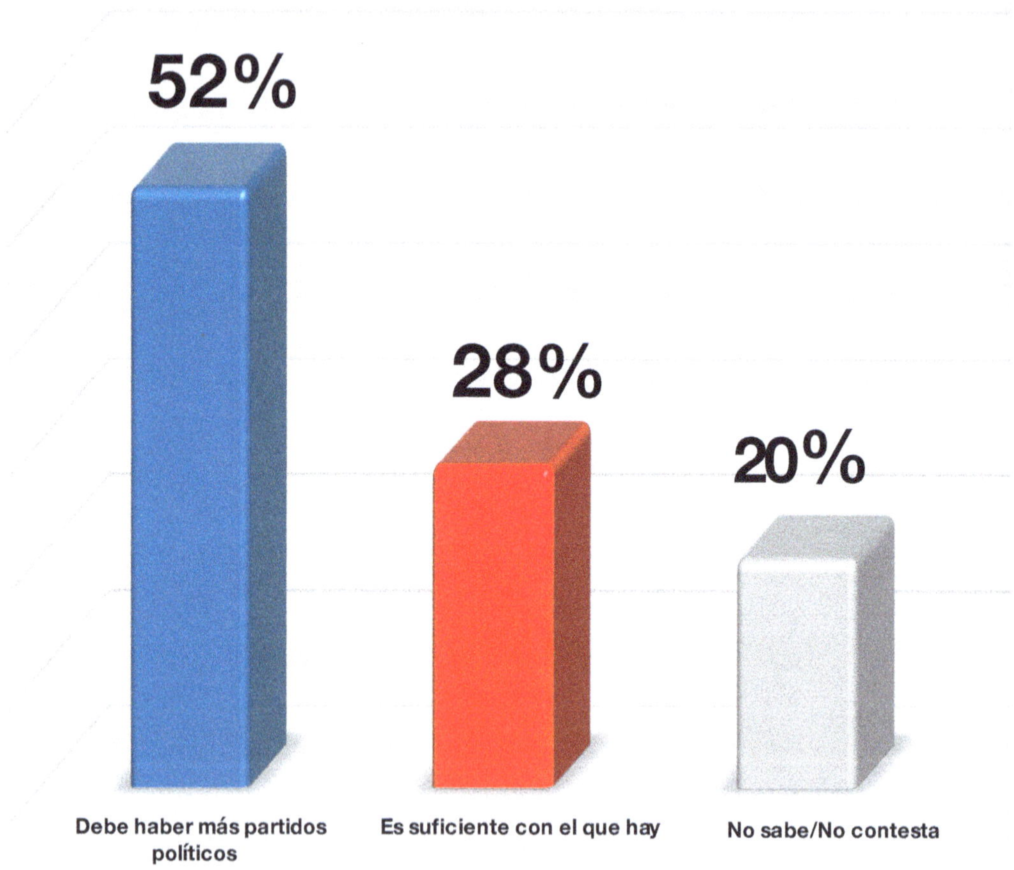

¿Cree usted que debe haber más partidos políticos en Cuba o cree usted que es suficiente con el que hay?

Por Edad

	18-49	**50-65+**
Debe haber más partidos políticos	59%	37%
Es suficiente con el que hay	23%	38%
No sabe/No contesta	18%	25%

¿Cómo evaluaría usted a los grupos de Oposición?

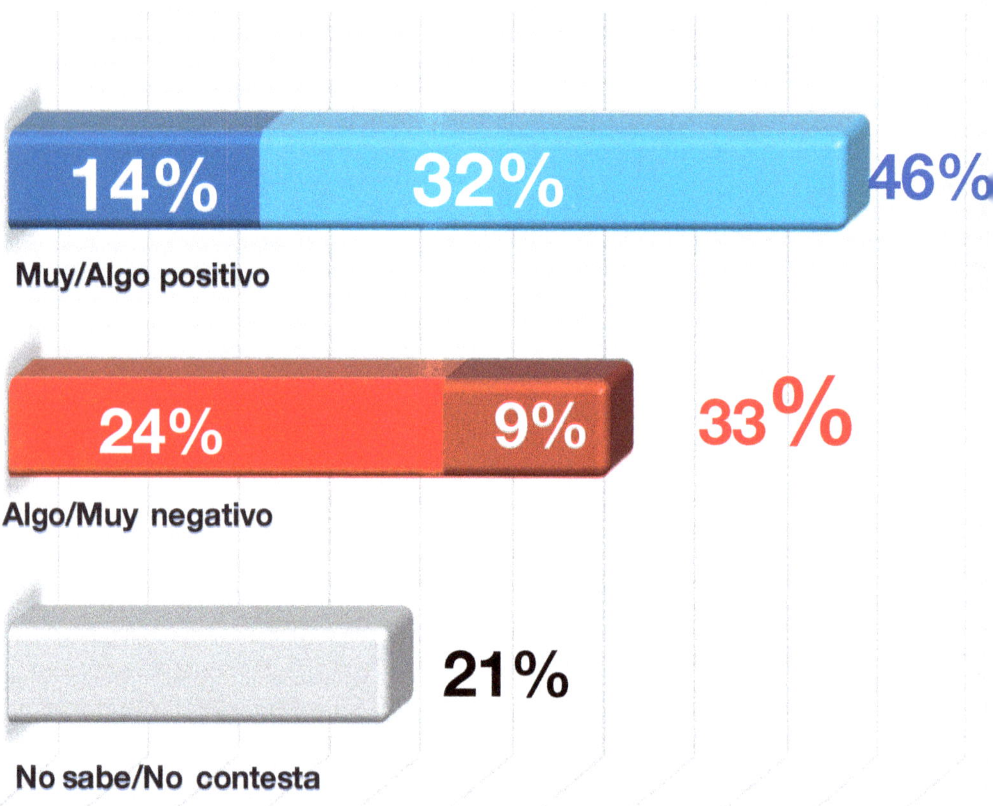

14% | **32%** — **46%**
Muy/Algo positivo

24% | **9%** — **33%**
Algo/Muy negativo

21%
No sabe/No contesta

¿Cómo evaluaría usted a los Grupos de Oposición?

Por Edad

	18-49	**50-65+**
Opinión positiva	47%	38%
Opinión negativa	32%	35%
No sabe/No contesta	21%	27%

¿Cómo evaluaría usted al Partido Comunista de Cuba?

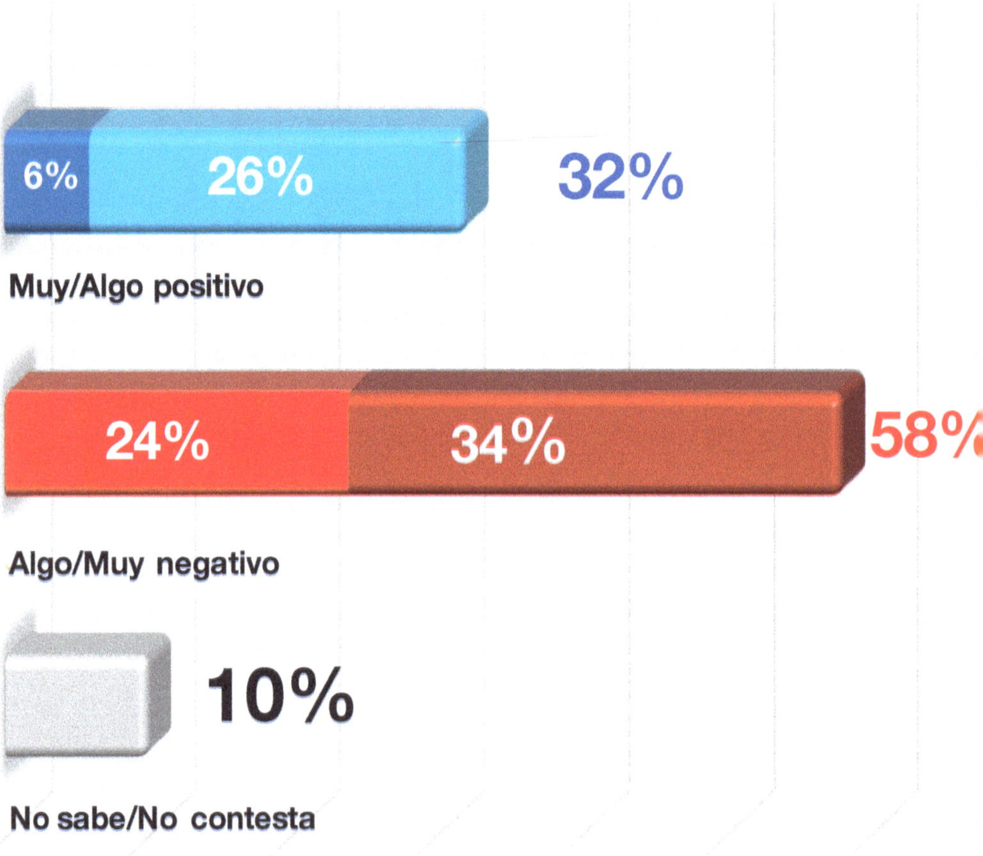

Muy/Algo positivo: 6% | 26% — 32%

Algo/Muy negativo: 24% | 34% — 58%

No sabe/No contesta: 10%

¿Cómo evaluaría usted al Partido Comunista de Cuba?

Por Edad

	18-49	50-65+
Opinión positiva	28%	43%
Opinión negativa	65%	43%
No sabe/No contesta	7%	14%

¿Cómo evaluaría usted al Partido Comunista de Cuba?

Por Raza

	Blanco	Mulato	Negro
Opinión positiva	27%	40%	43%
Opinión negativa	62%	49%	54%
No sabe/No contesta	11%	11%	3%

¿Usted siempre opina libremente sus Ideas o a veces siente que no debe hacerlo?

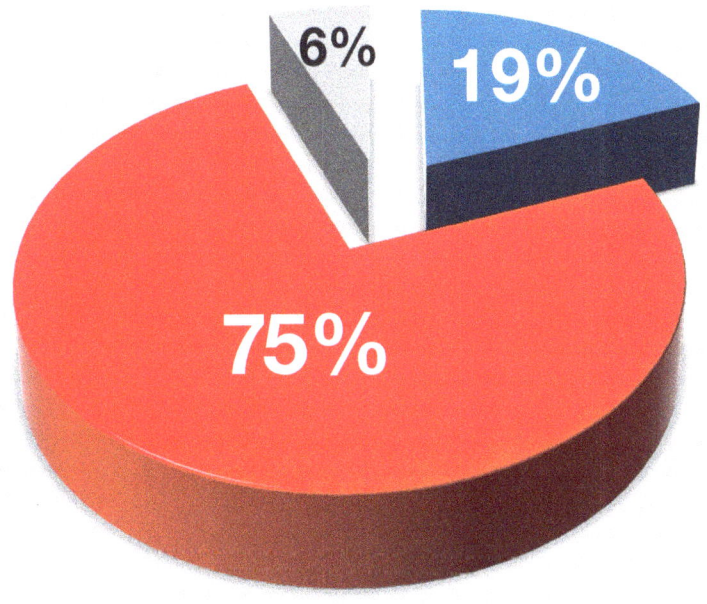

- Opina libremente sus ideas
- A veces siente que no debe hacerlo
- No sabe/No contesta

¿Usted siempre opina libremente sus ideas o a veces siente que no debe hacerlo?

Por Edad

	18-49	50-65+
Opina libremente sus ideas	16%	26%
A veces siente que no debe hacerlo	80%	64%
No sabe/No contesta	4%	10%

¿Tienes usted una opinión positiva o negativa de Felipe VI de Borbón?

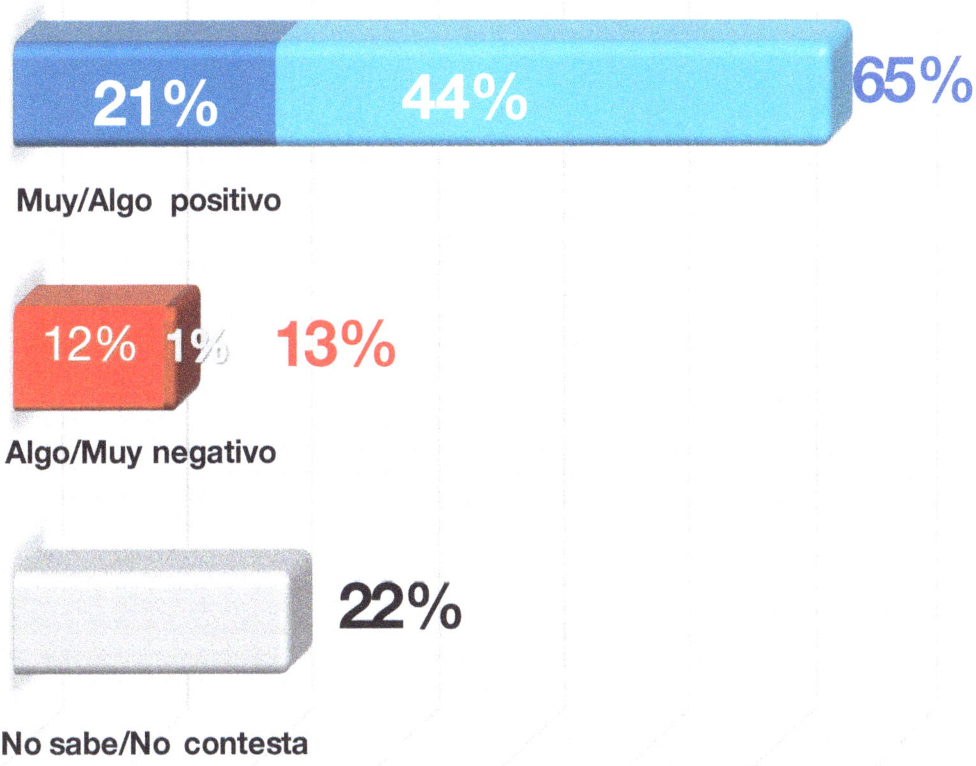

21% **44%** **65%**
Muy/Algo positivo

12% **1%** **13%**
Algo/Muy negativo

22%
No sabe/No contesta

¿Tiene usted una opinión positiva o una opinión negativa de Barack Obama?

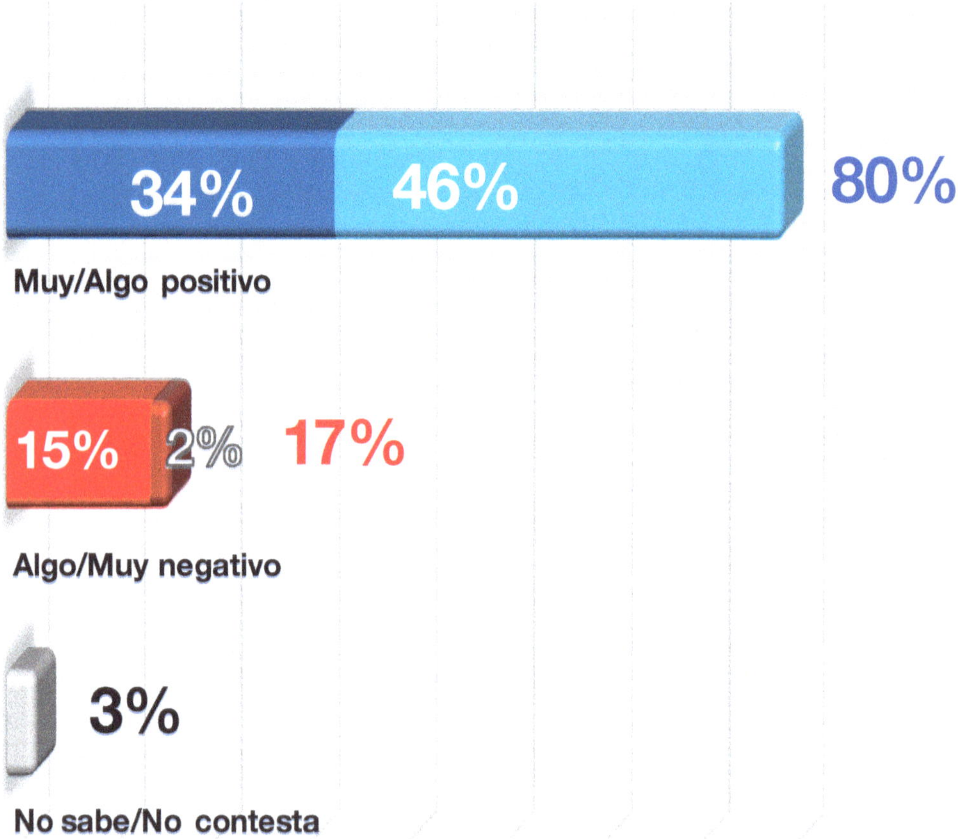

34% **46%** **80%**
Muy/Algo positivo

15% **2%** **17%**
Algo/Muy negativo

3%
No sabe/No contesta

¿Tiene usted una opinión positiva o una opinión negativa de Barack Obama?

Por Edad

	18-49	50-65+
Opinión positiva	83%	75%
Opinión negativa	14%	22%
No sabe/No contesta	3%	3%

¿Tiene usted una opinión positiva o una opinión negativa de Raúl Castro?

| 8% | 39% | **47%** |

Muy/Algo positiva

| 34% | 14% | **48%** |

Algo/Muy negativa

5%

No sabe/No contesta

¿Tiene usted una opinión positiva o una opinión negativa de Raúl Castro?

Por Edad

	18-49	50-65+
Opinión positiva	44%	53%
Opinión negativa	52%	39%
No sabe/No contesta	4%	8%

¿Tiene usted una opinión positiva o una opinión negativa de Fidel Castro?

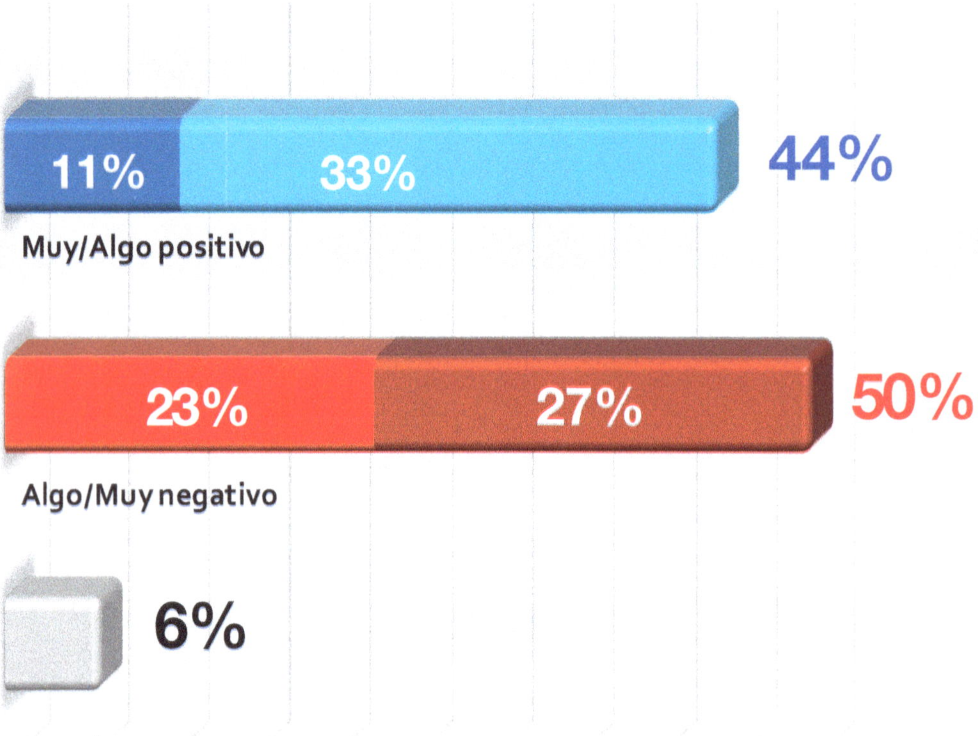

11% **33%** **44%**
Muy/Algo positivo

23% **27%** **50%**
Algo/Muy negativo

6%
No sabe/No contesta

¿Tiene usted una opinión positiva o una opinión negativa de Fidel Castro?

Por Edad

	18-49	**50-65+**
Opinión positiva	42%	48%
Opinión negativa	53%	42%
No sabe/No contesta	5%	9%

¿Tiene usted una opinión positiva o una opinión negativa de Fidel Castro?

Por Raza

	Blanco	Mulato	Negro
Opinión positiva	40%	48%	51%
Opinión negativa	51%	48%	47%
No sabe/No contesta	9%	4%	2%

TECNOLOGÍA

LA TECNOLOGÍA Y LOS MEDIOS EN LA CUBA DE HOY

La mitad de la población tiene teléfono en las casas. Un porcentaje mayor dice tener un teléfono celular. Indagando con los encuestadores se pudo saber que este es un número de usuarios y no de aparatos. Todo aquel que tiene acceso a un celular en su casa, dice tener un celular, aunque este sea compartido con hermanos, padres, tíos, etc.

El 16% tiene acceso a internet mayormente en salas de navegación donde hay que pagar por tiempo de uso. Del 16% que tiene acceso a internet, solamente un 21% (un 3% de la población total) tiene acceso en sus casas. Un porcentaje similar, alrededor del 3% usa la internet diariamente.

Algo más de la mitad de los usuarios utilizan las redes sociales, en gran parte para comunicarse con personas en el exterior.

El 91% de los que usan redes sociales lo hacen a través de Facebook, por lo cual Mark Zuckerberg, en una conferencia, se refirió a los resultados de esta encuesta.

¿Tiene usted teléfono en su casa?

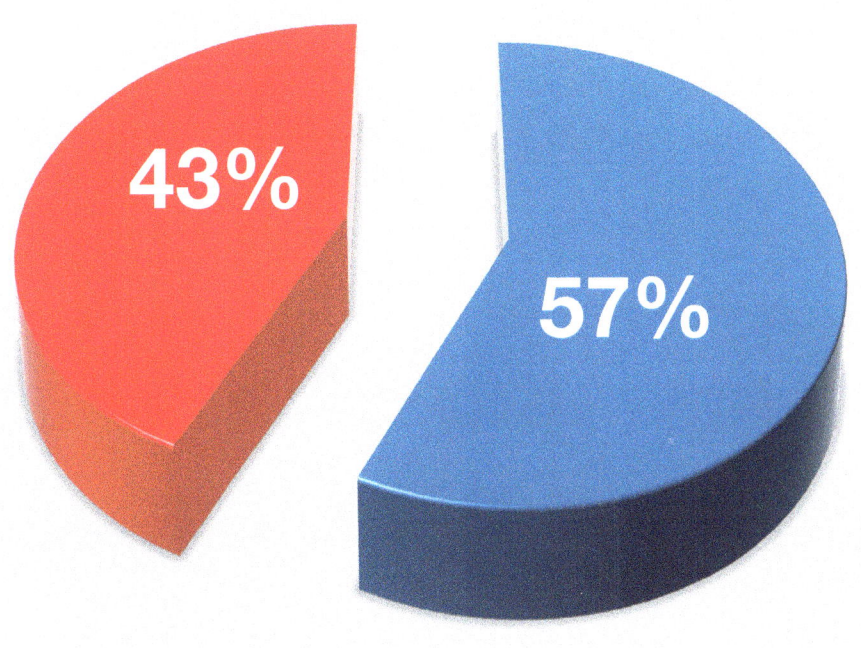

 Sí   No

¿Tiene usted teléfono móvil o celular?

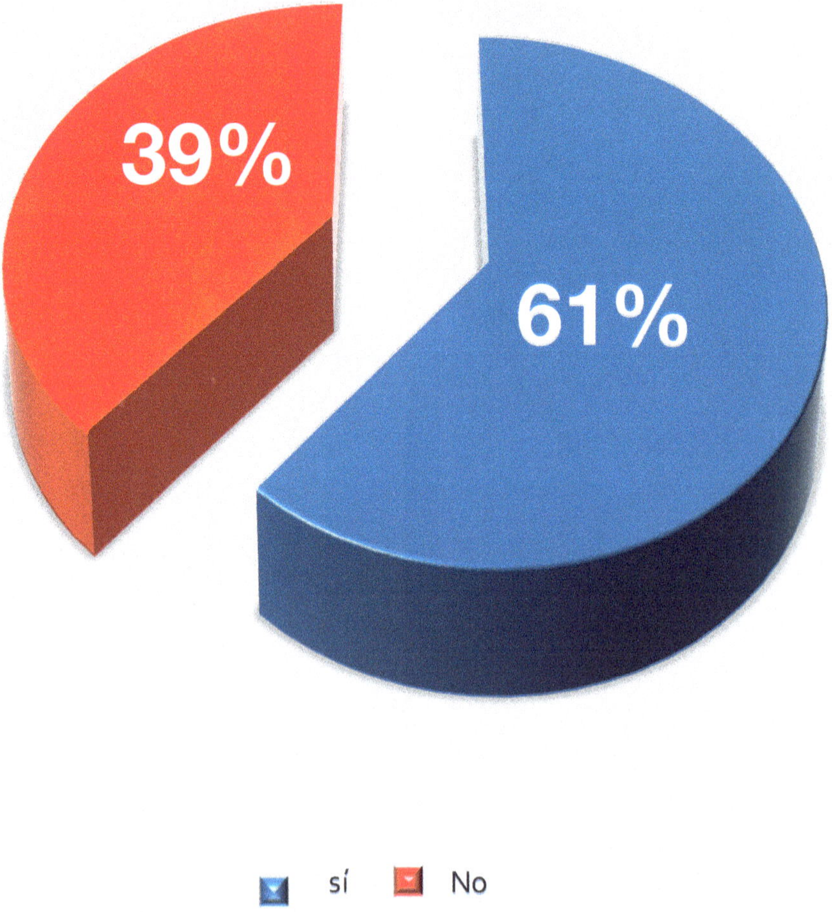

sí   No

¿Tiene usted teléfono móvil o celular?

Por Edad

	18-49	**50-65+**
Sí	73%	35%
No	27%	65%

¿Tiene usted acceso al Internet?

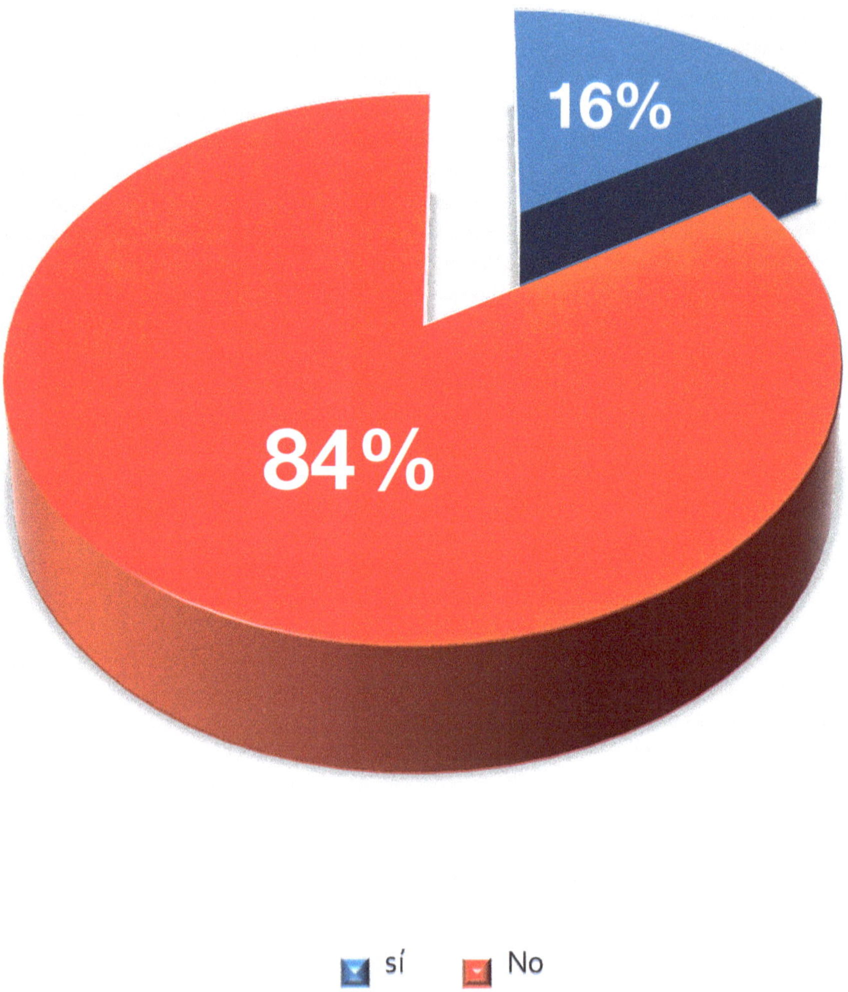

16%

84%

 sí No

¿Dónde tiene acceso al Internet?

Entre aquellos que tienen acceso al Internet
(Aceptar múltiples respuestas)

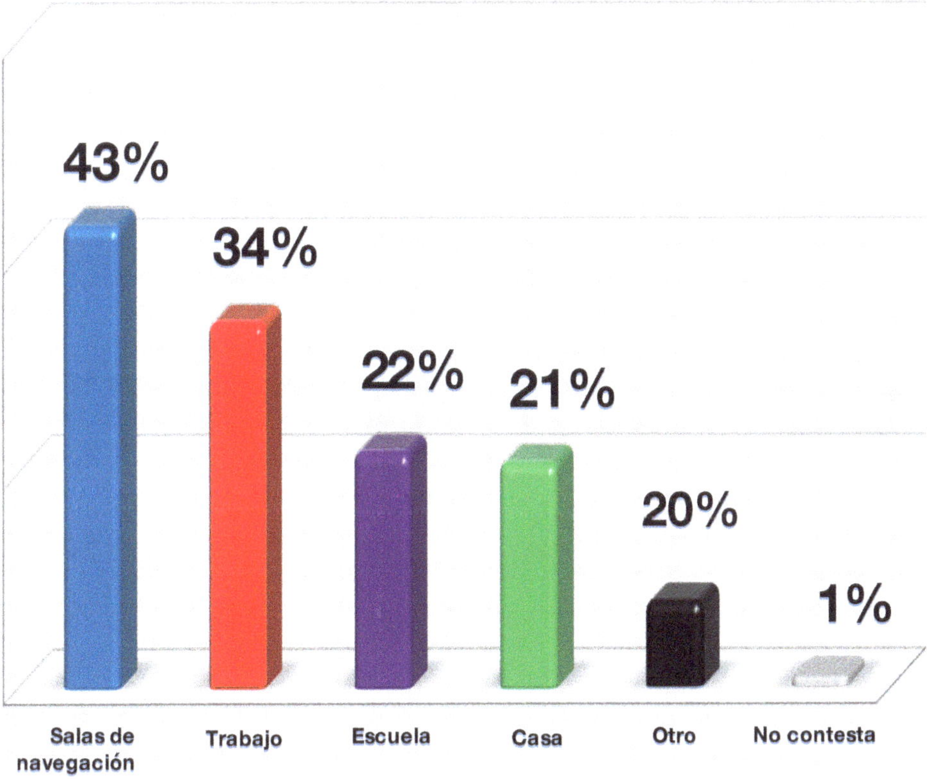

Salas de navegación	Trabajo	Escuela	Casa	Otro	No contesta
43%	34%	22%	21%	20%	1%

¿Con que frecuencia tiene acceso al Internet?

Entre aquellos que tienen acceso al Internet

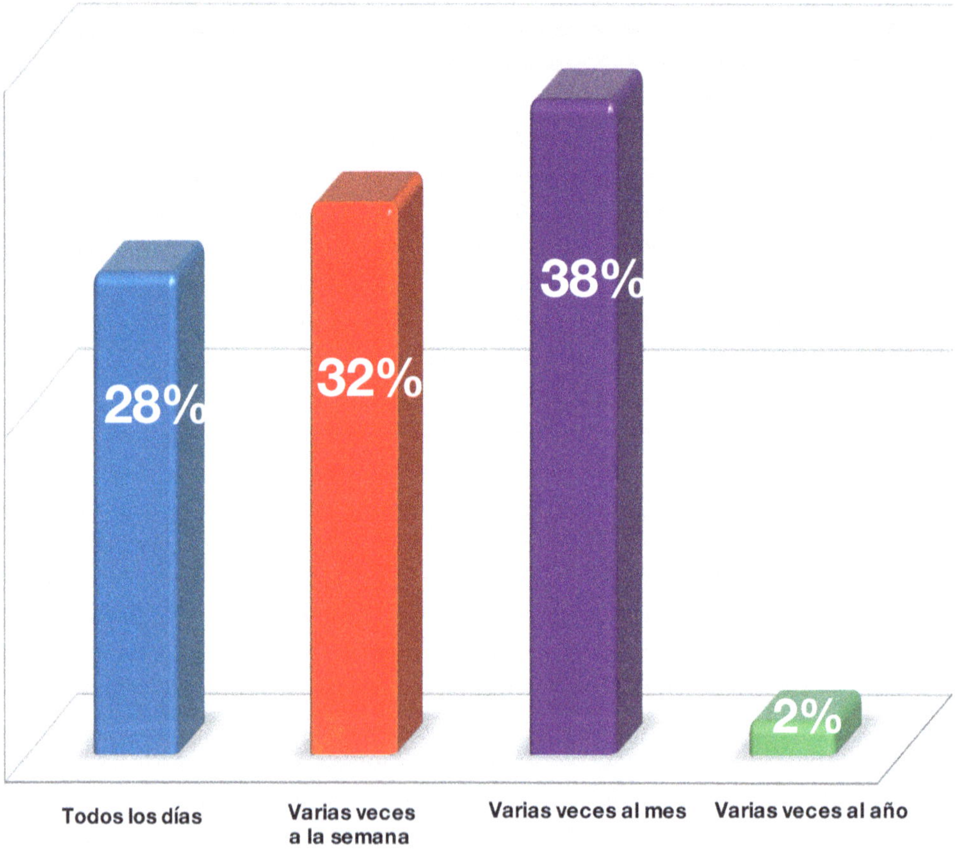

- Todos los días: 28%
- Varias veces a la semana: 32%
- Varias veces al mes: 38%
- Varias veces al año: 2%

¿Usted utiliza las redes sociales?

Entre aquellos que tienen acceso al Internet

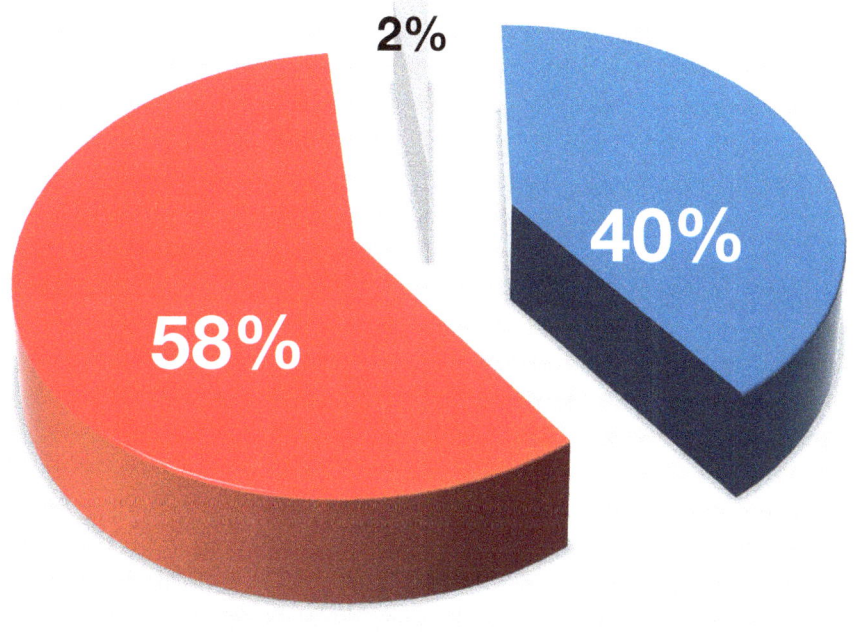

Sí   No   No contesta

¿Usted utiliza las redes sociales para comunicarse mayormente con personas en Cuba, para comunicarse mayormente con personas en el exterior, o para comunicarse con ambas por igual?

Entre aquellos que tienen acceso al Internet y que utilizan los medios sociales

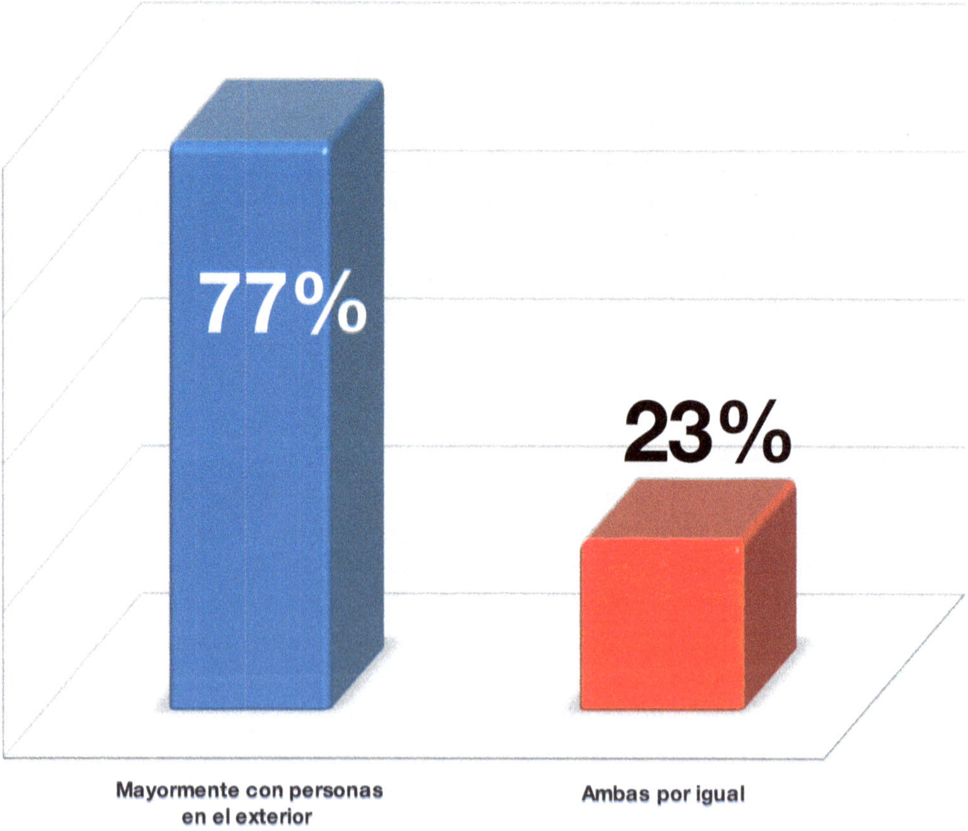

77% Mayormente con personas en el exterior

23% Ambas por igual

¿Qué red social utiliza usted con mayor frecuencia?
Entre aquellos que tienen acceso al Internet y que utilizan los medios sociales

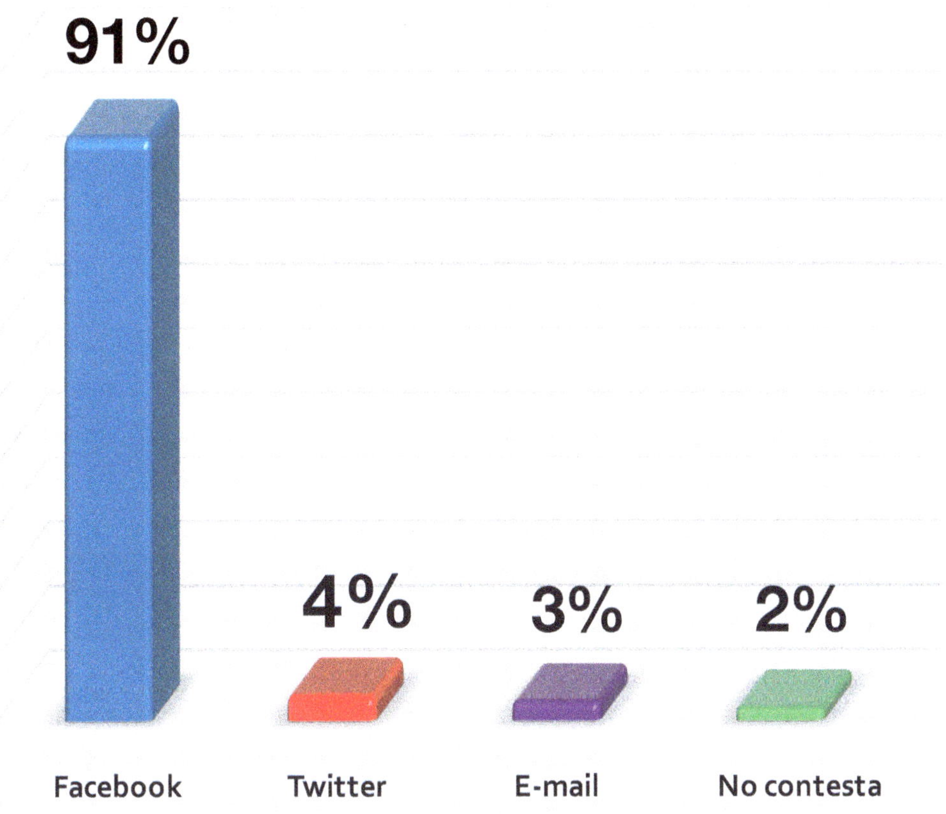

Facebook	Twitter	E-mail	No contesta
91%	4%	3%	2%

¿Cuál medio de comunicación usa usted para informarse de las noticias con más frecuencia?

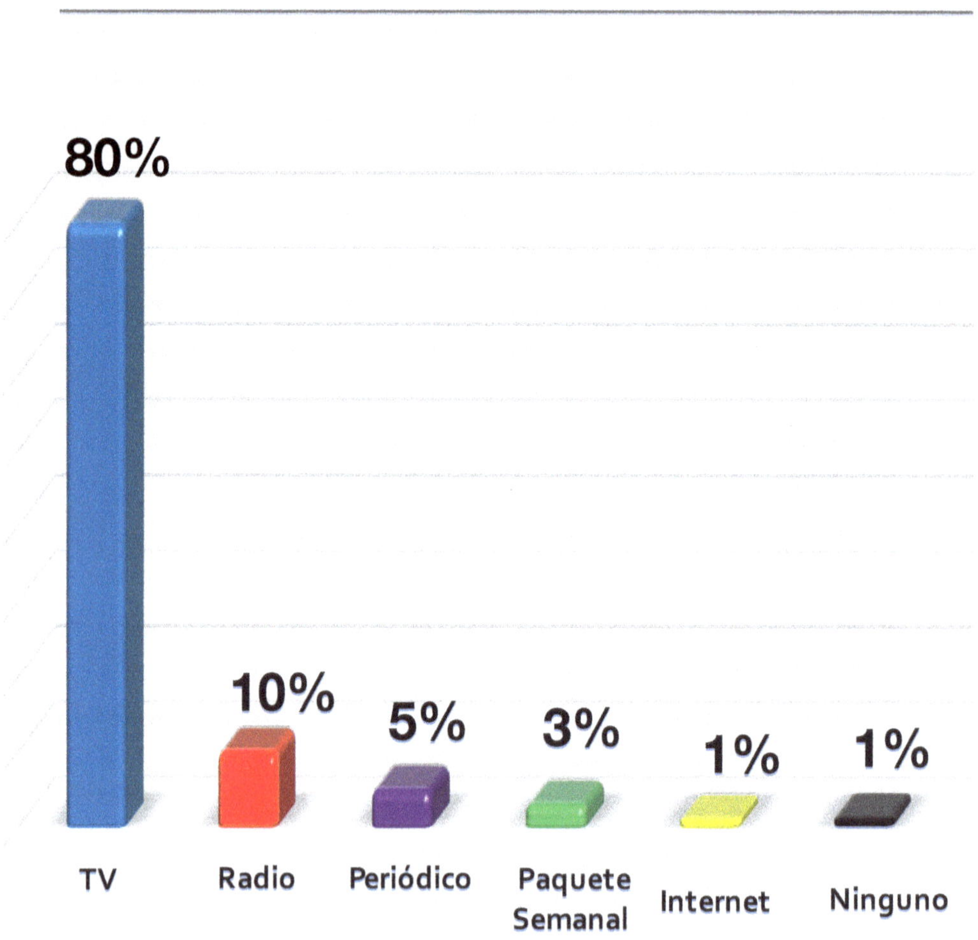

80% TV
10% Radio
5% Periódico
3% Paquete Semanal
1% Internet
1% Ninguno

¿Ha escuchado Radio Progreso en los últimos 7 días?

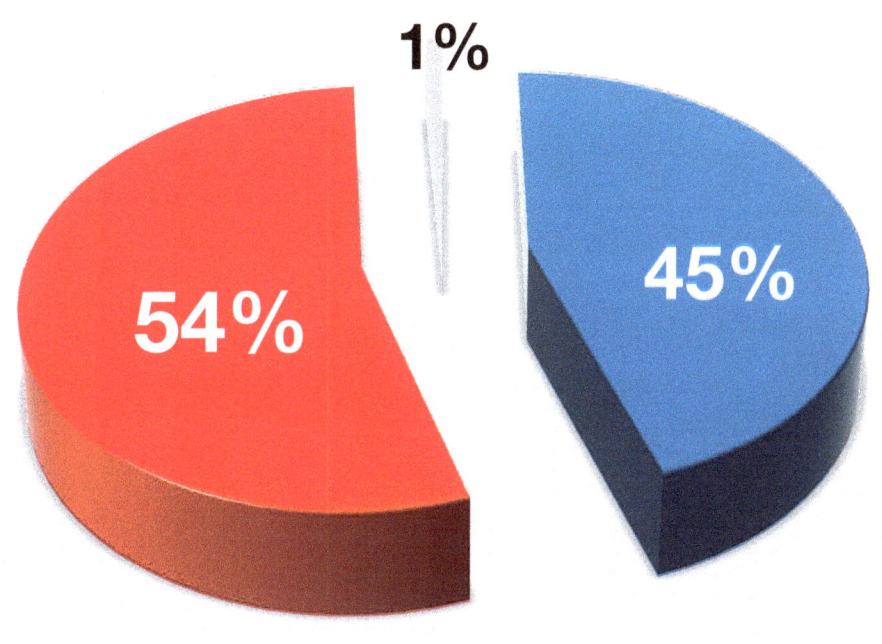

 sí   No    No contesta

¿Ha escuchado Radio Progreso en los últimos 7 días?

Por Edad

	18-49	50-65+
Sí	39%	58%
No	61%	42%

¿Ha escuchado Radio Progreso en los últimos 7 días?

Por Raza

	Blanco	Mulato	Negro
Sí	41%	45%	64%
No	59%	55%	36%

¿Ha escuchado Radio Rebelde en los últimos 7 días?

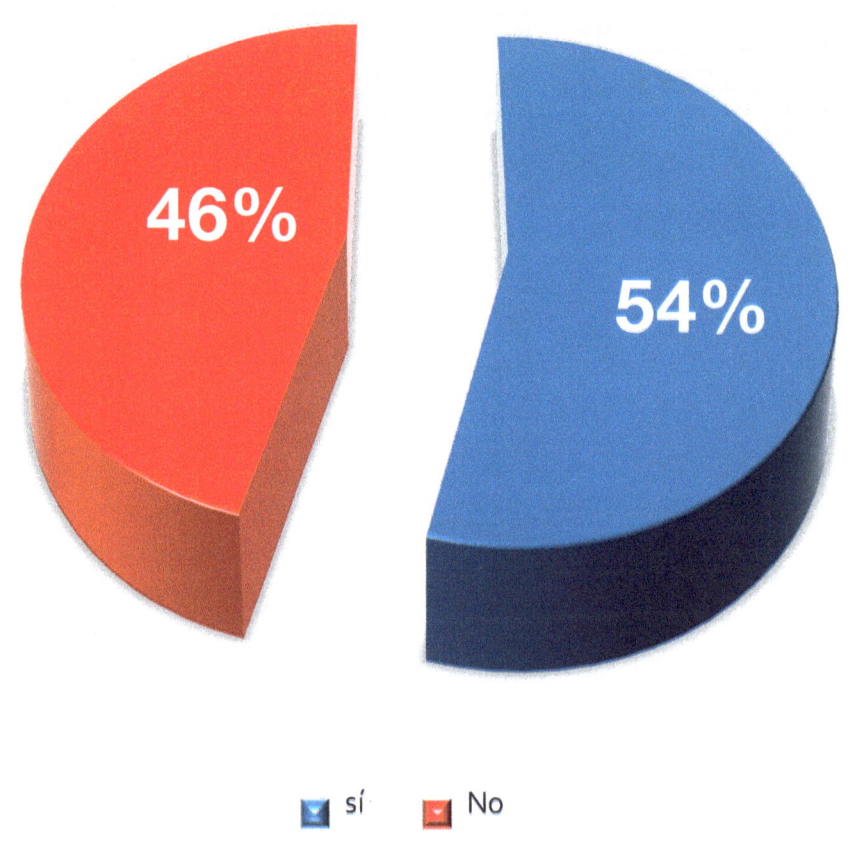

¿Ha escuchado Radio Rebelde en los últimos 7 días?

Por Edad

	18-49	50-65+
Sí	48%	65%
No	52%	35%

¿Ha escuchado Radio Taíno en los últimos 7 días?

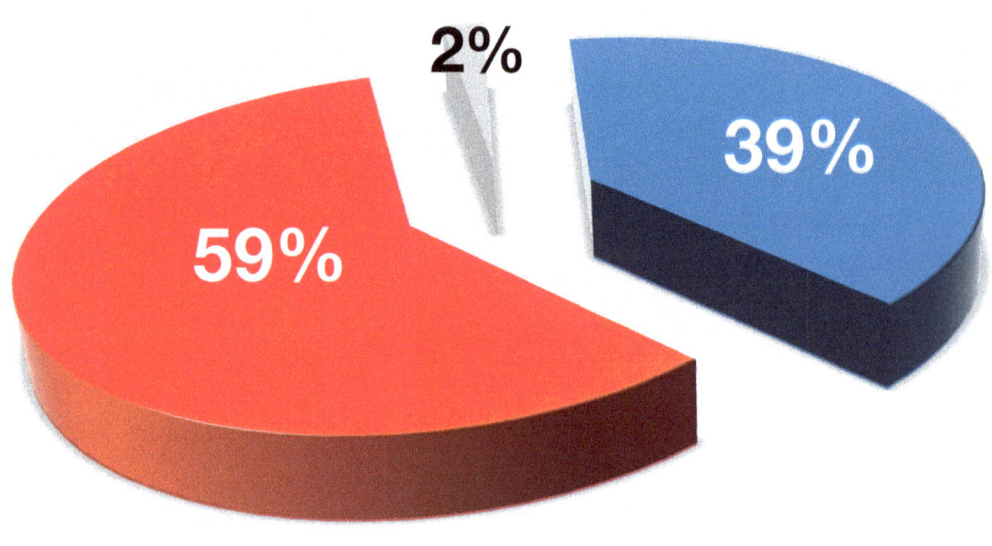

sí   No   No contesta

¿Ha escuchado Radio Martí en los últimos 7 días?

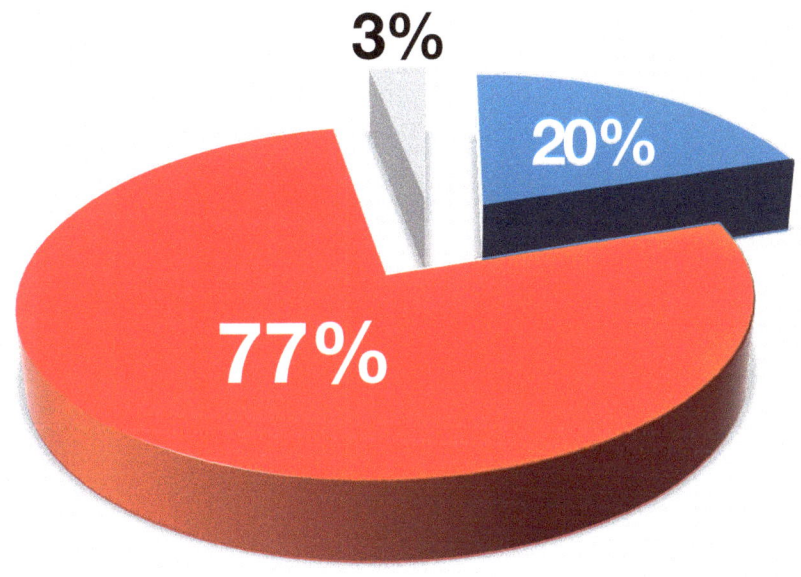

sí   No   No contesta

¿Ha escuchado Radio Martí en los últimos 7 días?

Por Edad

	18-49	**50-65+**
Sí	18%	26%
No	82%	74%

¿Cuál es su programa de televisión americano favorito?

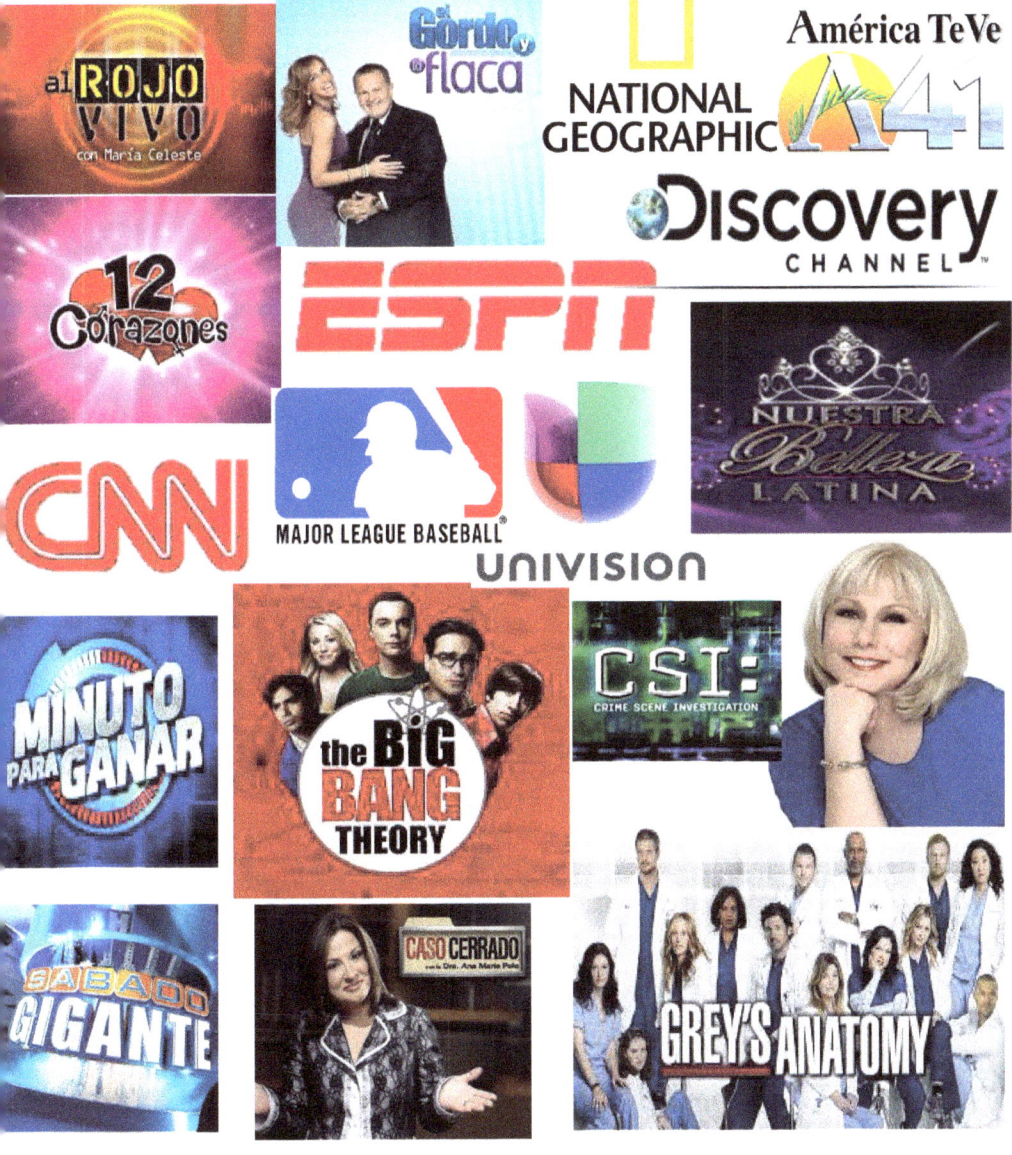

¿Cuál persona de fama internacional le gustaría que visite Cuba?

Pensando en la música internacional, ¿cuál es su artista o cantante favorito?

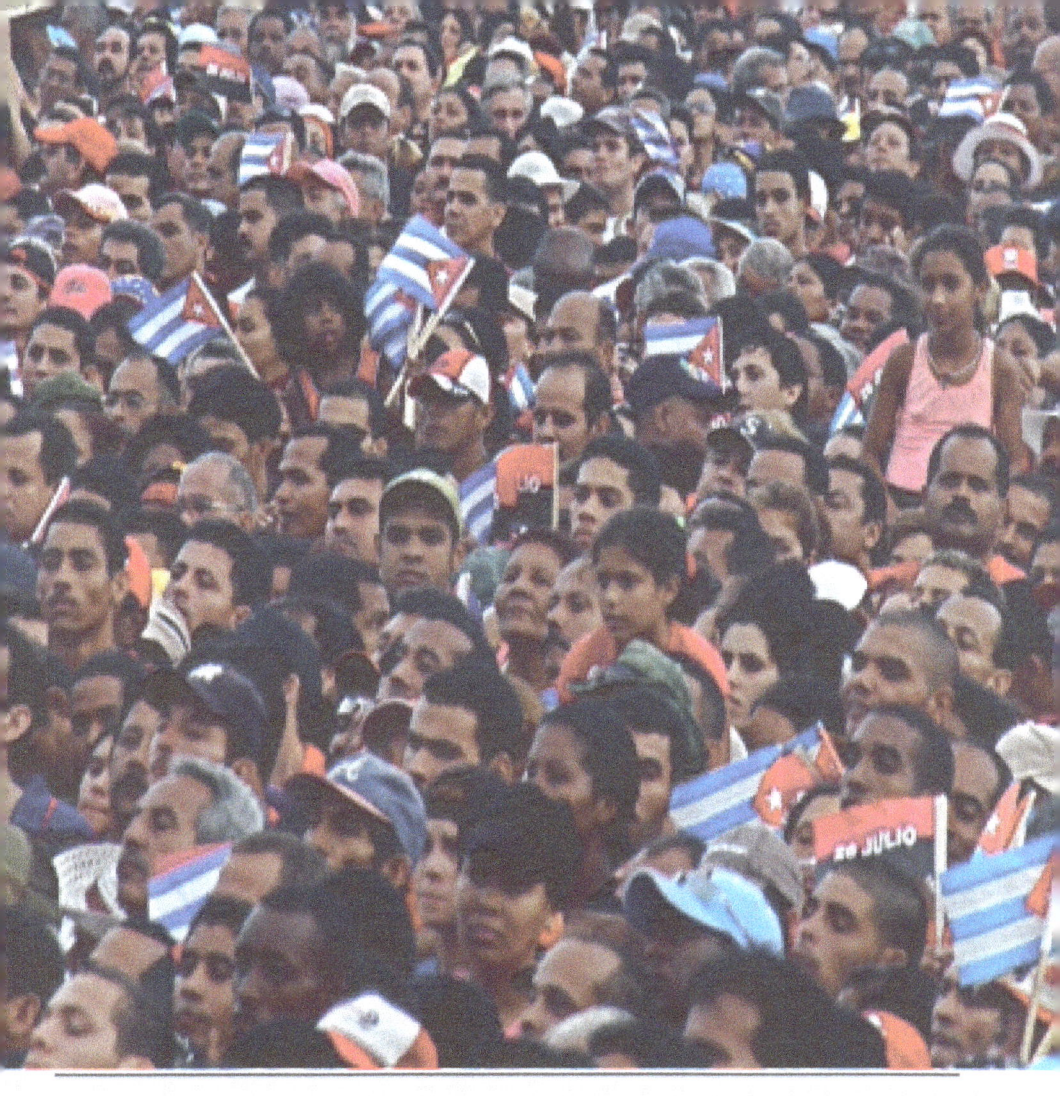

VARIABLES DEMOGRÁFICAS

Edad

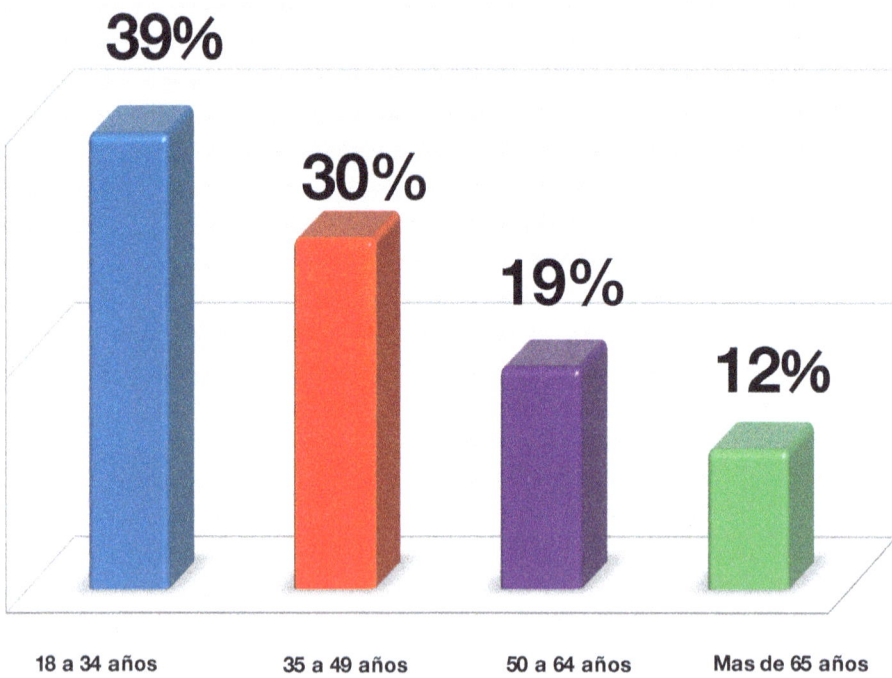

Edad

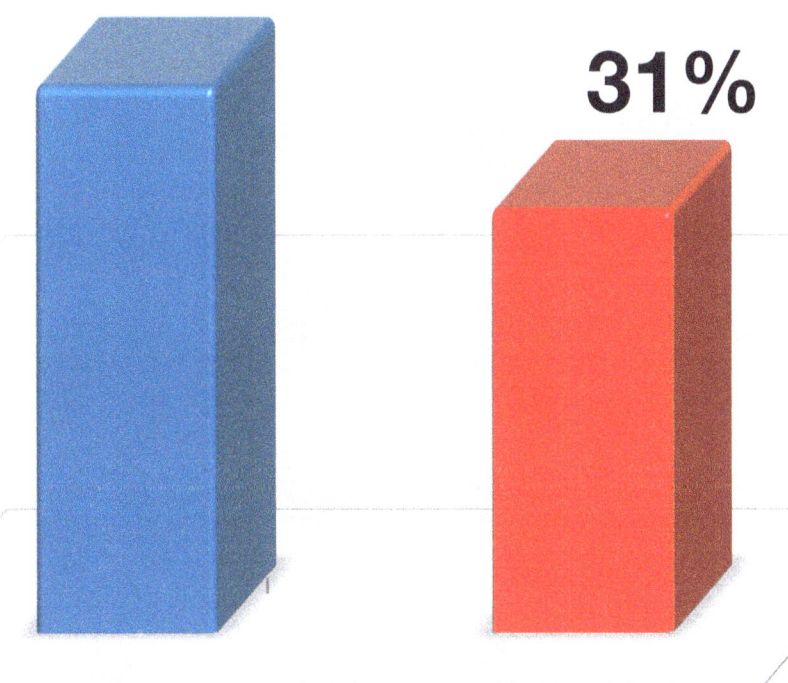

69%   **31%**

18 a 49 años   50 a 65+ años

Género

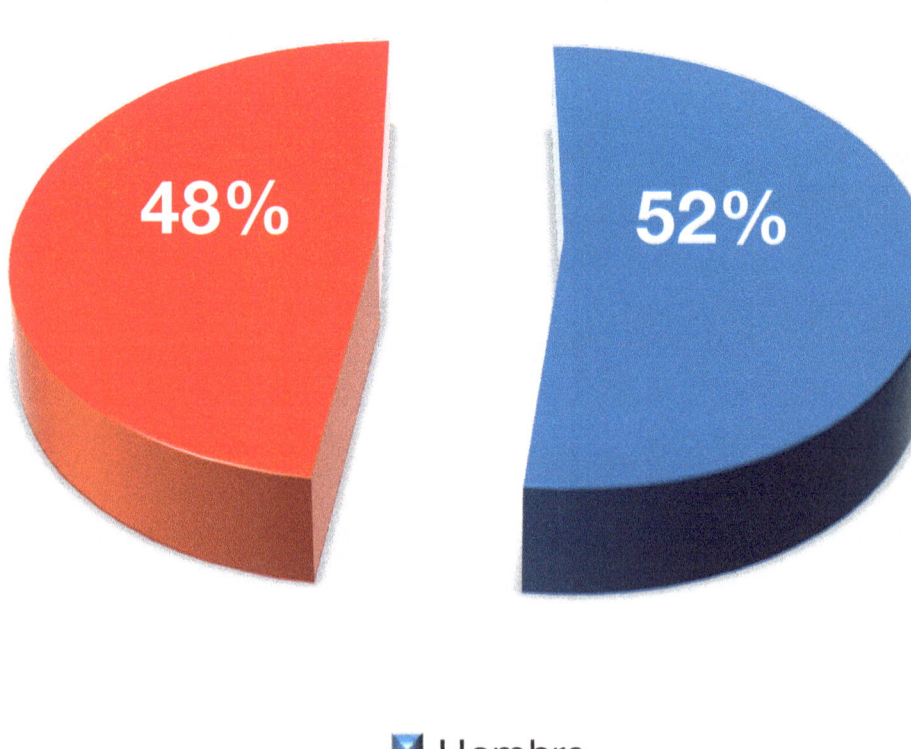

Raza

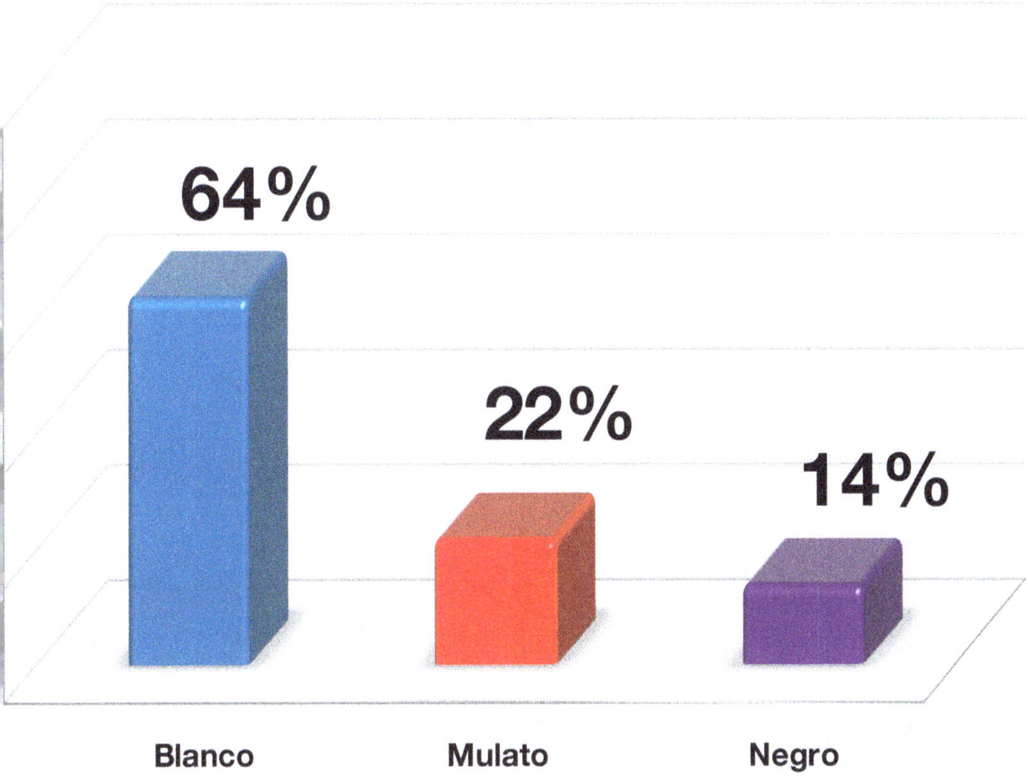

64% Blanco
22% Mulato
14% Negro

Religión

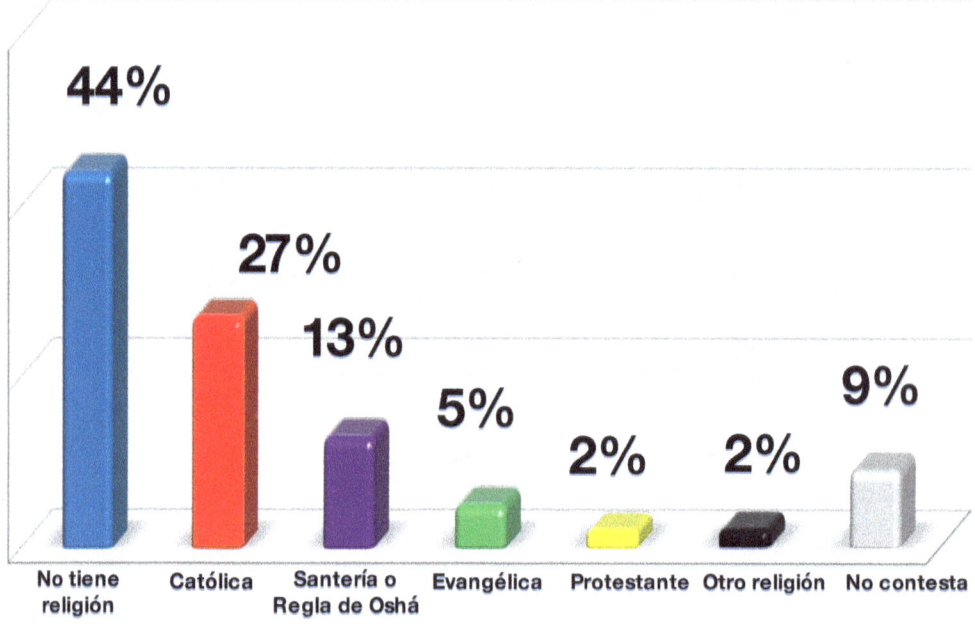

No tiene religión	Católica	Santería o Regla de Oshá	Evangélica	Protestante	Otro religión	No contesta
44%	27%	13%	5%	2%	2%	9%

¿Cuál es su estatus laboral actual?

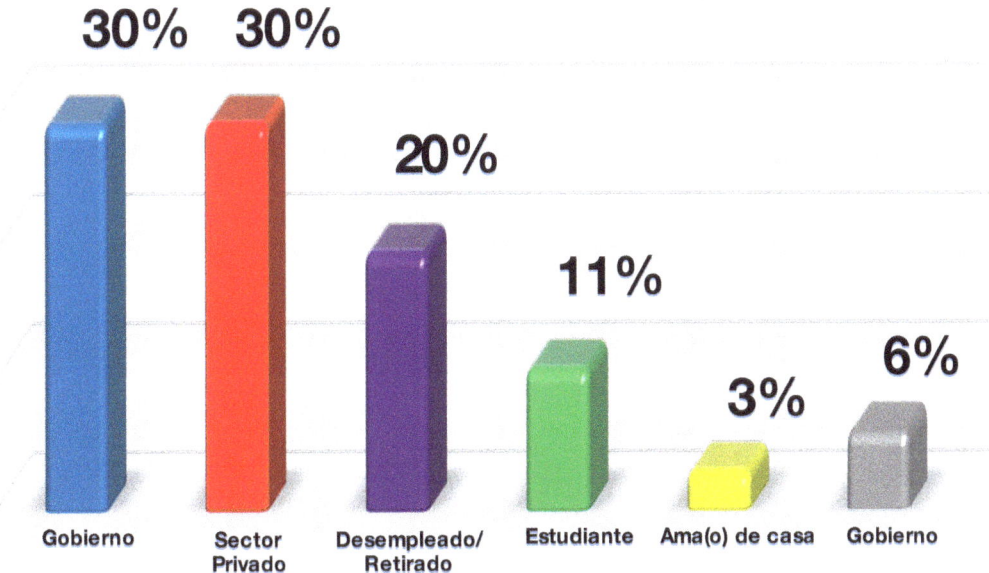

Gobierno	Sector Privado	Desempleado/Retirado	Estudiante	Ama(o) de casa	Gobierno
30%	30%	20%	11%	3%	6%

¿Qué nivel de educación alcanzó?

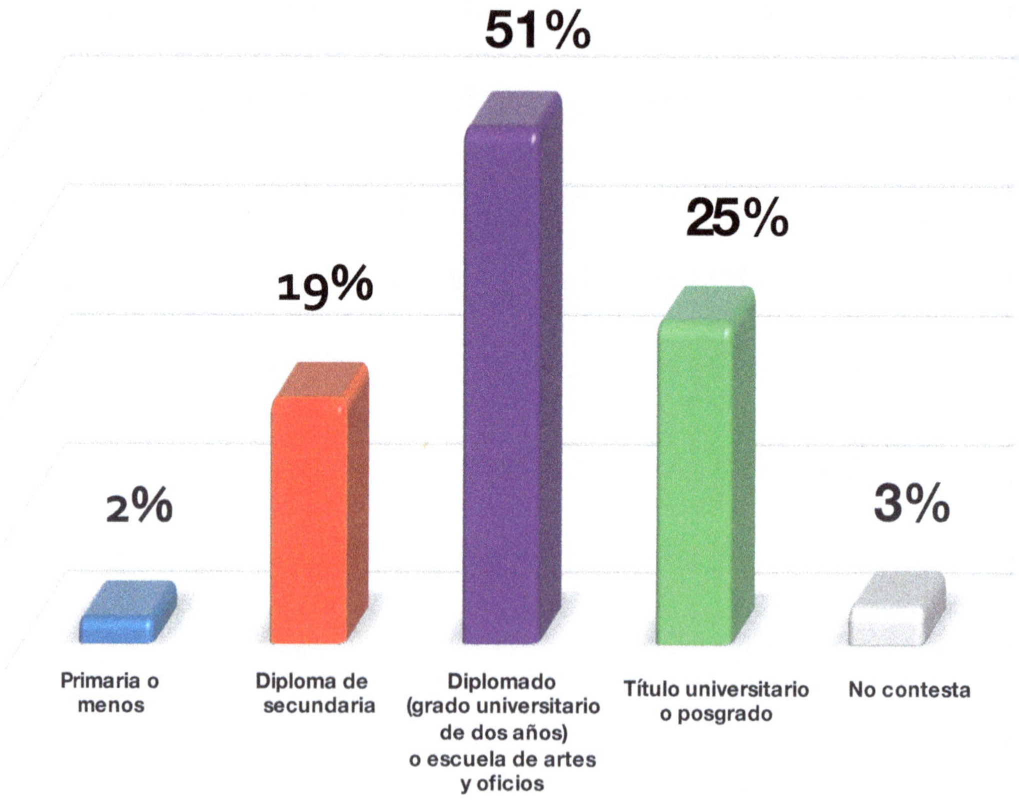

- Primaria o menos: 2%
- Diploma de secundaria: 19%
- Diplomado (grado universitario de dos años) o escuela de artes y oficios: 51%
- Título universitario o posgrado: 25%
- No contesta: 3%

Región

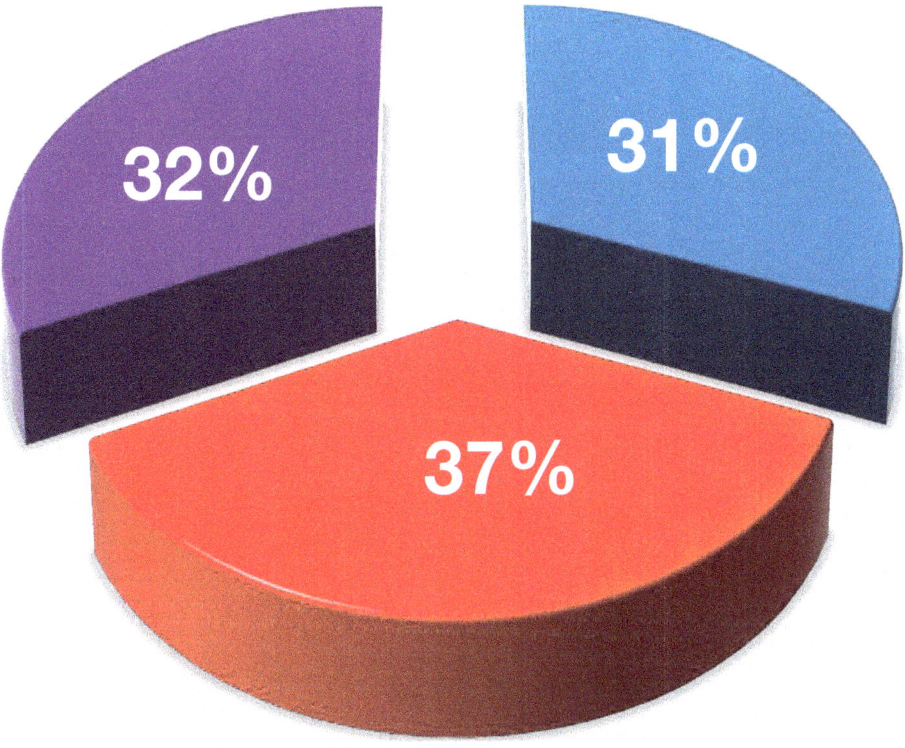

- 🟦 Central — 31%
- 🟥 Oriental — 37%
- 🟪 Habana / Occidental — 32%

EL CATÓLICO EN LA CUBA DE HOY

Esta sección es el primer estudio serio y nacional que nos permite comprender las características de los católicos y sus puntos de vista. Aunque no es un estudio del Catolicismo en Cuba, sí es un reflejo de lo que son y lo que piensan los católicos en Cuba. Y puede ser un primer paso para tener una comprensión más clara de una Iglesia que ha sufrido mucho y que sigue sufriendo.

Cuba ha sido un país oficialmente ateo desde los inicios de la Revolución. Pero eso no parece dañar la imagen del catolicismo o del Papa. La generalidad de la población tiene una opinión de la Iglesia en términos generales. Solamente un 7% tiene una mala imagen de la Iglesia.

Su Santidad Francisco, máximo jefe de la Iglesia y personaje para nada promovido por el aparato oficial de propaganda es la figura mejor vista dentro de todos los líderes investigados en esta encuesta. Una opinión más favorable que la del Presidente Obama, el Rey de España, el Presidente Venezolano (máximo benefactor económico del sistema cubano) y muchísimo más favorable que la que el pueblo tiene de los hermanos Castro.

El 56% de los cubanos manifiestan tener alguna religión o no contestan esta pregunta y de este grupo el más numeroso es el de los católicos, que ocupan el 27% de la población solamente superados por los que no tienen religión.

¿Tiene usted una opinión positiva o una opinión negativa de la Iglesia Católica en Cuba?

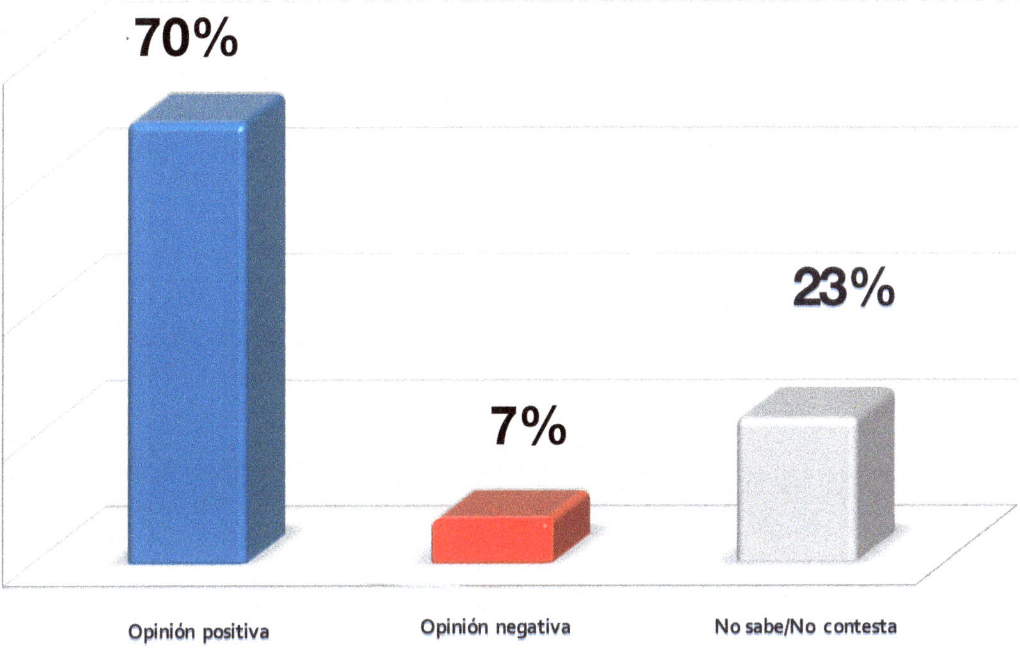

70% Opinión positiva

7% Opinión negativa

23% No sabe/No contesta

¿Tiene usted una opinión positiva o una opinión negativa del Papa Francisco?

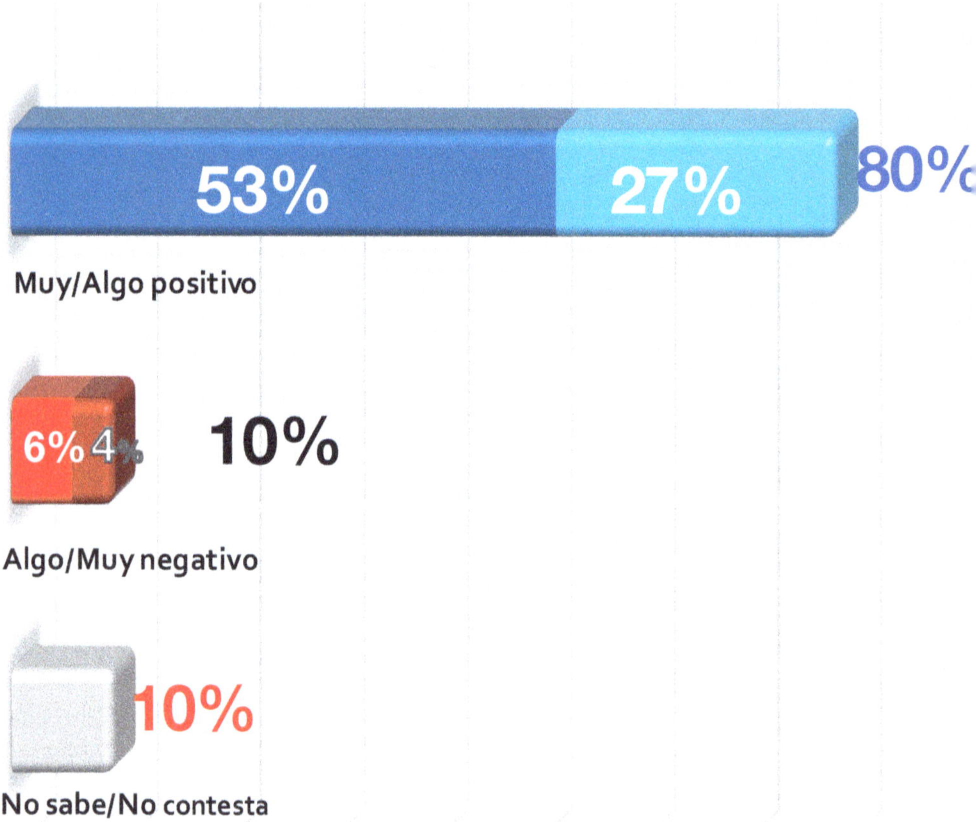

53% **27%** 80%

Muy/Algo positivo

6% 4% **10%**

Algo/Muy negativo

10%

No sabe/No contesta

¿Tiene usted una opinión positiva o una opinión negativa del Papa Francisco?

Por Edad

	18-49	50-65+
Opinión positiva	82%	76%
Opinión negativa	7%	15%
No sabe/No contesta	11%	9%

Resumen de Calificaciones de Imagen

	Positiva	Negativa
Papa Francisco	80%	10%
Barack Obama	80%	17%
Felipe VI	65%	13%
Nicolás Maduro	62%	31%
Raúl Castro	47%	48%
Fidel Castro	44%	50%
Enrique Peña Nieto	33%	19%

PORCENTAJE DE CREYENTES Y NO CREYENTES

CATÓLICOS	**27%**
EVANGÉLICOS	5%
PROTESTANTES	2%
SANTEROS	11%
REGLA DE OSHA	1%
OTRA RELIGIÓN	2%
SIN RELIGIÓN	44%
NO CONTESTA	8%

¿QUIÉNES SON LOS CATÓLICOS EN CUBA?

Si comparamos a los católicos con los otros cultos practicados en la Isla, los católicos tienen un componente joven más numeroso. Es un porcentaje similar al que arroja el censo del 2013, pero en los otros cultos participantes menos jóvenes. La población joven de los no creyentes es proporcionalmente mayor que el promedio de la población. Los católicos jóvenes están en el promedio; los no creyentes jóvenes, por encima del promedio; y los jóvenes pertenecientes a otros cultos, por debajo del promedio. Los protestantes están por encima de la media en el sector de los que tienen entre 50 y 64 años.

La población católica se concentra en la zona occidental de la Isla y en la ciudad de la Habana, siendo la región central la que menos porcentaje de católicos tiene. Este dato es muy interesante desde el punto de vista pastoral, ya que en esta región se debe hacer el mayor esfuerzo para consolidación y crecimiento de las comunidades.

De acuerdo a las razas, los católicos son proporcionalmente más blancos que la población general.

De acuerdo al género, la población católica está constituida mayoritariamente por mujeres. Hay un 14% más de mujeres que de hombres.

Los católicos tienen una educación superior o de postgrado en mayor proporción que el resto de la población y acceden más a internet.

SON JÓVENES

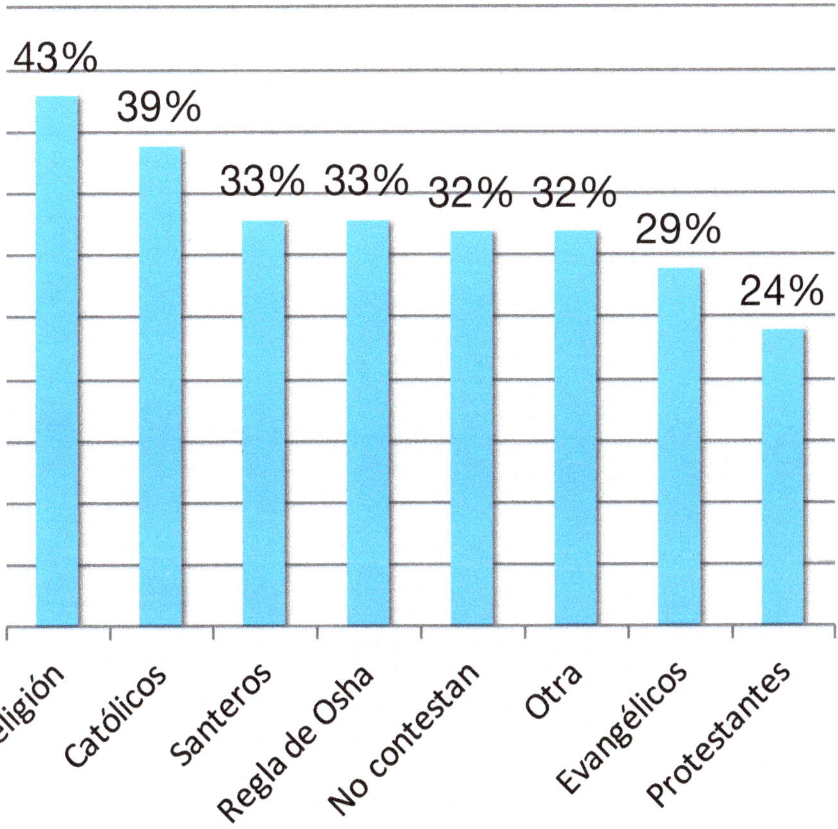

- Sin Religión: 43%
- Católicos: 39%
- Santeros: 33%
- Regla de Osha: 33%
- No contestan: 32%
- Otra: 32%
- Evangélicos: 29%
- Protestantes: 24%

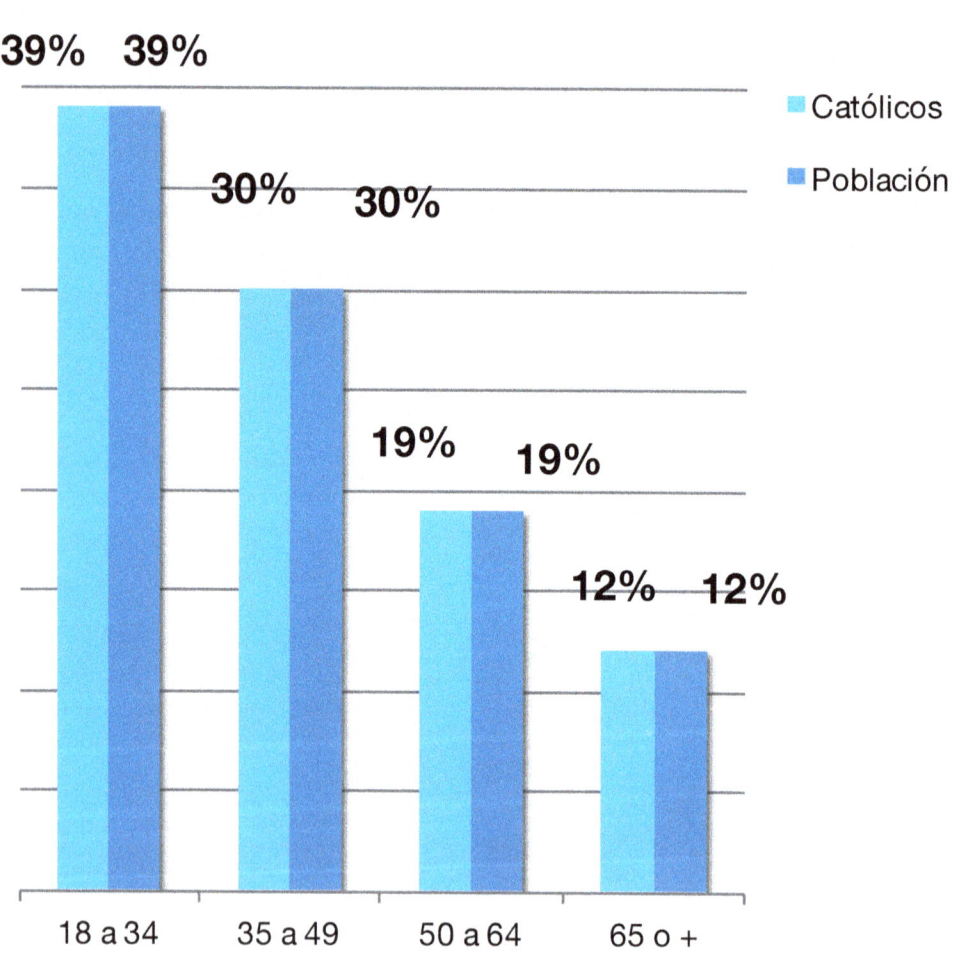

DISTRIBUCIÓN POR EDADES

	18 a 34 AÑOS	35 a 49 AÑOS	50 a 64 AÑOS	65 o MAS AÑOS
CATÓLICOS	39%	30%	19%	12%
EVANGÉLICOS	29%	34%	20%	17%
PROTESTANTES	24%	29%	33%	14%
SANTEROS	33%	37%	19%	11%
REGLA DE OSHA	33%	33%	11%	23%
OTRA RELIGIÓN	32%	42%	21%	5%
SIN RELIGIÓN	43%	28%	19%	10%
NO CONTESTA	32%	31%	21%	16%

SE CONCENTRAN MÁS EN LA HABANA Y OCCIDENTE

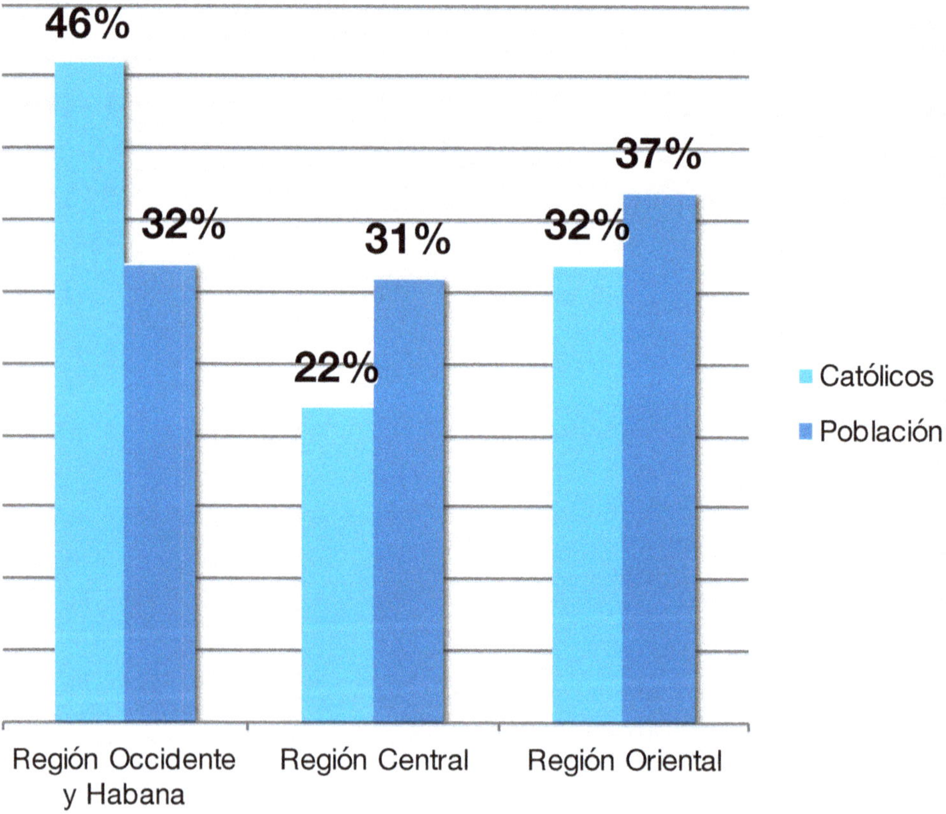

	Católicos	Población
Región Occidente y Habana	46%	32%
Región Central	22%	31%
Región Oriental	32%	37%

SON UN 10% MÁS BLANCOS QUE EL PROMEDIO

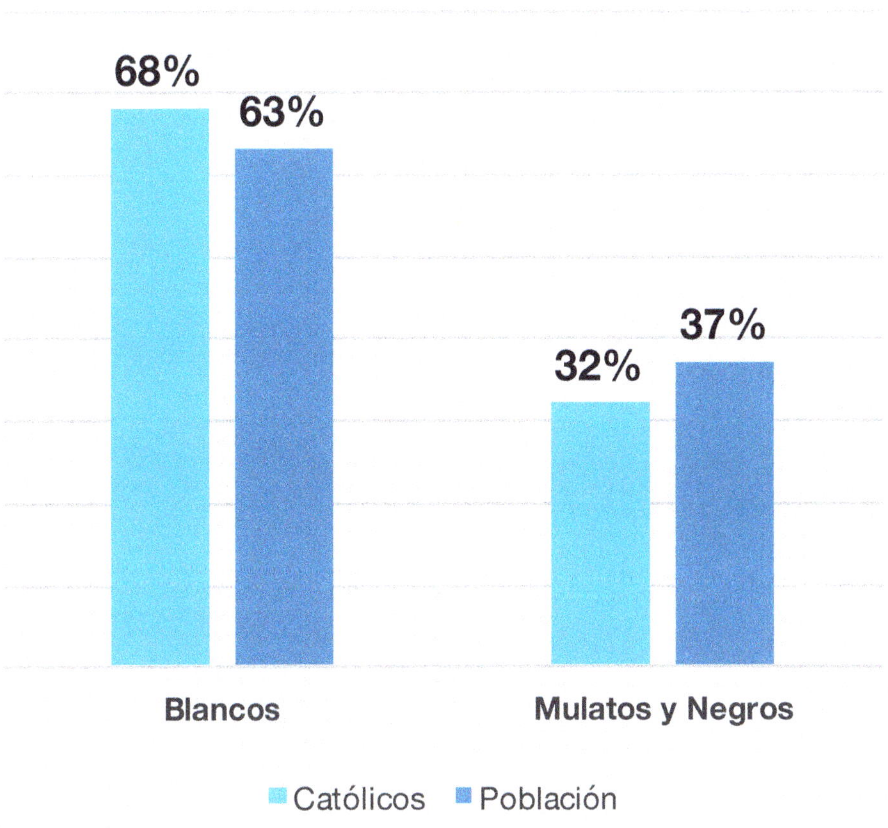

	Blancos	Mulatos y Negros
Católicos	68%	32%
Población	63%	37%

SON MÁS MUJERES QUE HOMBRES

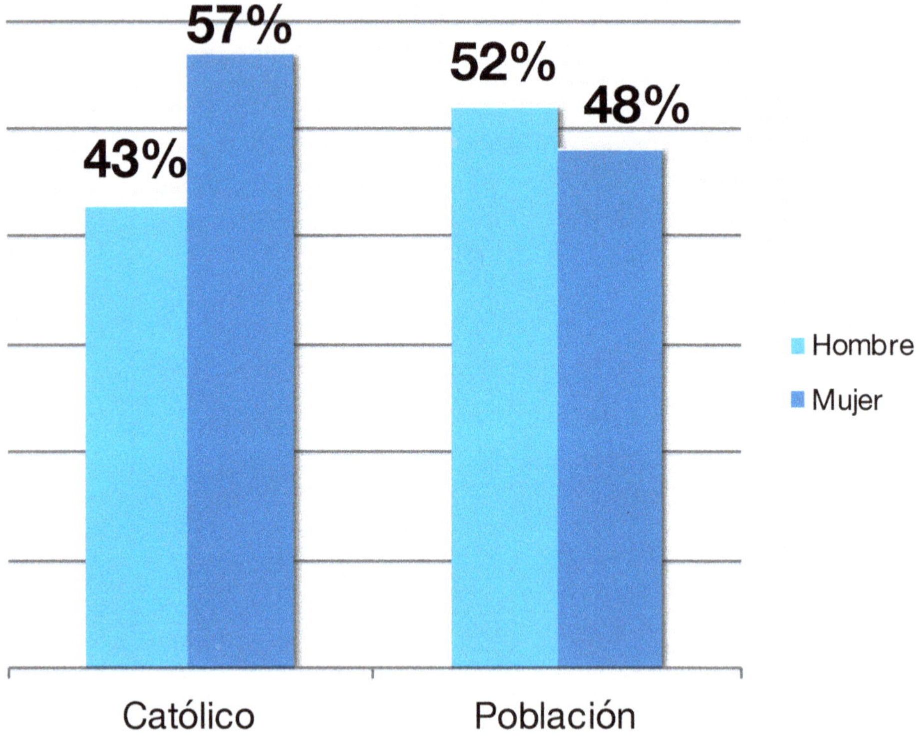

	Católico	Población
Hombre	43%	52%
Mujer	57%	48%

SON MÁS EDUCADOS QUE EL PROMEDIO

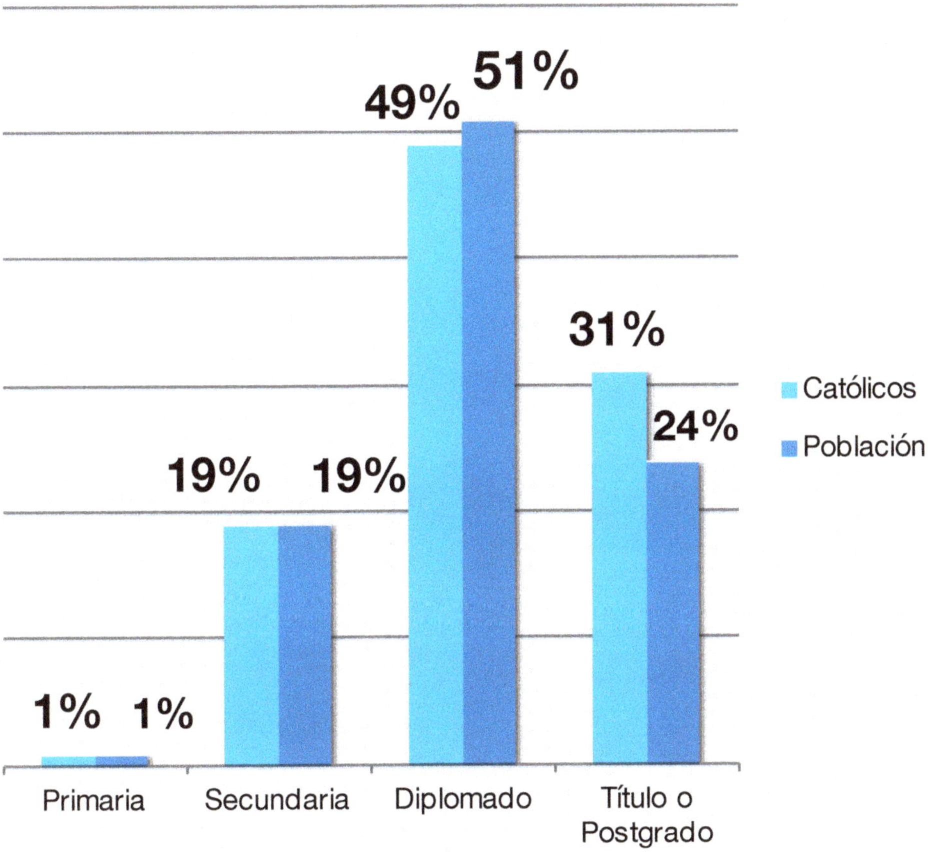

	Católicos	Población
Primaria	1%	1%
Secundaria	19%	19%
Diplomado	49%	51%
Título o Postgrado	31%	24%

LOS CATÓLICOS ACCEDEN A INTERNET EN UN MAYOR PORCENTAJE QUE EL PROMEDIO DE LA POBLACIÓN

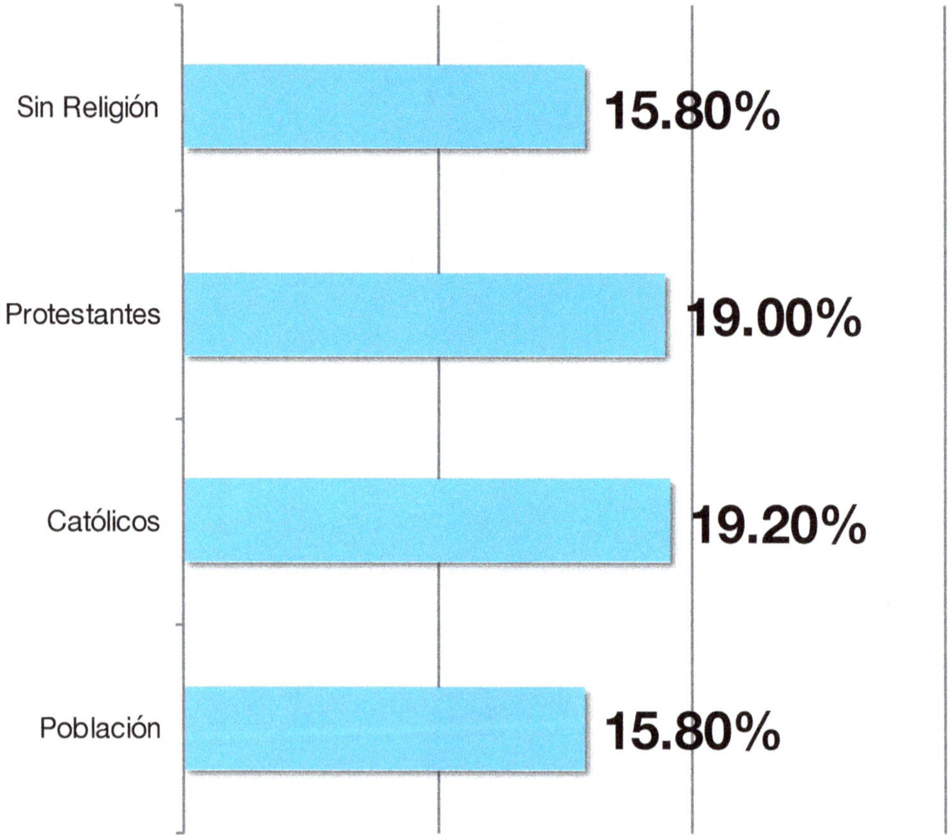

Sin Religión	**15.80%**
Protestantes	**19.00%**
Católicos	**19.20%**
Población	**15.80%**

¿CÓMO ES SU SITUACIÓN ECONÓMICA?

¿CÓMO ES SU SITUACIÓN ECONÓMICA?

Los dos elementos más importantes en la sociedad cubana que indican la condición económica es la posibilidad de trabajar en el aparato gubernamental y la posibilidad de tener parientes o amigos en el exterior que manden remesas.

Los católicos tienen ventajas en las dos. Después de los protestantes son los que en un mayor porcentaje trabajan para el estado, tienen bastante más familiares en el exterior que cualquier otro grupo religioso o sin religión y son los que reciben más recursos del exterior, después de los protestantes.

En las nuevas condiciones que se están creando a raíz de las medidas que el gobierno ha establecido, otra manera de disfrutar de una mejor posición social y económica es la creación de empleos a través de los cuales la población comienza a crear riquezas. El concepto de "empresario" está en pañales, ya que se considera un negocio el arreglar zapatos, o pintar casas o crear un pequeño expendio de comida en los llamados paladares. Pero aún así, es la manera de crear bienes y servicios. En esta categoría los católicos alegan tener familiares con negocios en una mayor proporción que el resto de la población.

Por todo esto podemos considerar que los católicos en Cuba tienen ciertos privilegios o un estatus que otros cubanos no tienen.

Aún así, están insatisfechos con la situación económica en general. Mas insatisfechos que la generalidad de los creyentes, pero menos insatisfechos que los no creyentes.

UN BUEN PORCENTAJE TRABAJA PARA EL ESTADO

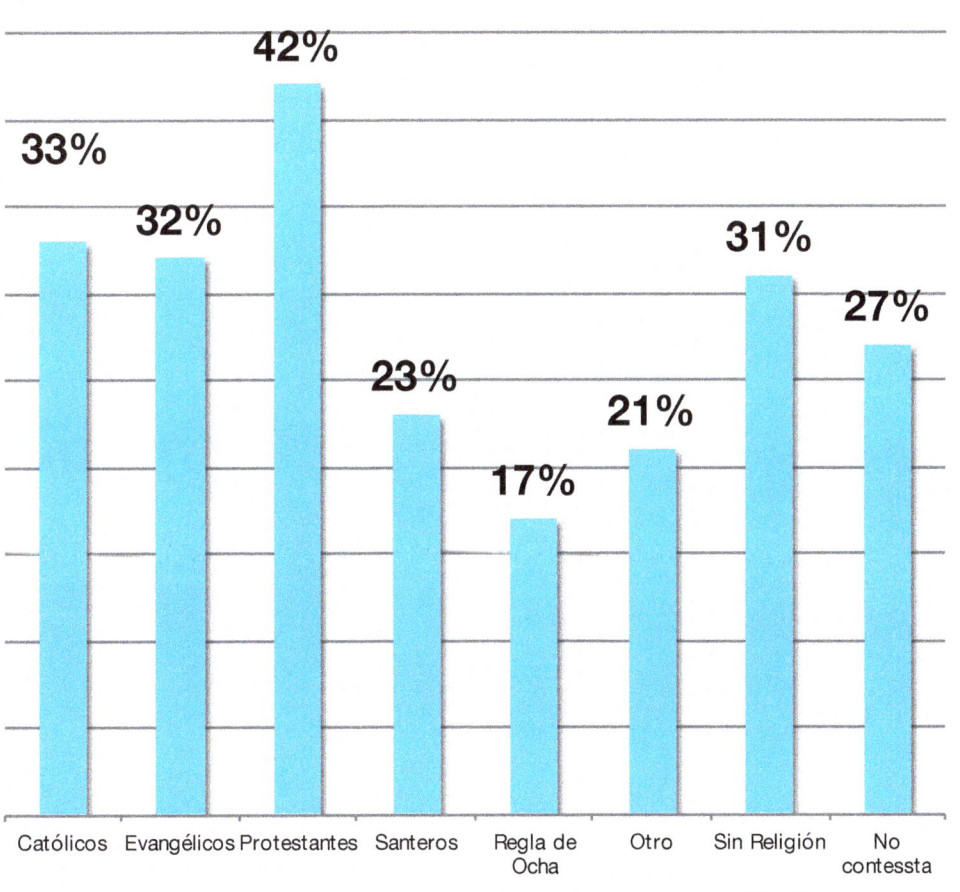

PORCENTUALMENTE TIENEN MÁS FAMILIARES EN EL EXTRANJERO.

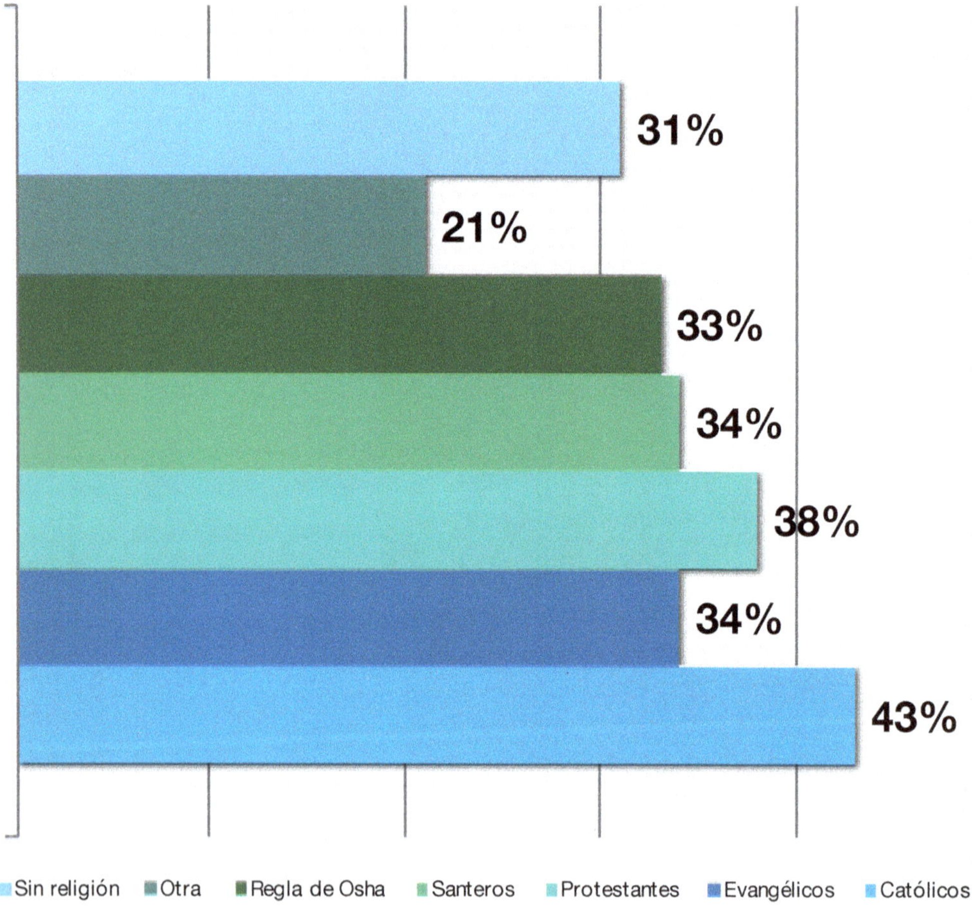

- Sin religión: 31%
- Otra: 21%
- Regla de Osha: 33%
- Santeros: 34%
- Protestantes: 38%
- Evangélicos: 34%
- Católicos: 43%

POR LO CUAL RECIBEN MÁS DIVISAS DEL EXTERIOR CON EXCEPCIÓN DE LOS PROTESTANTES

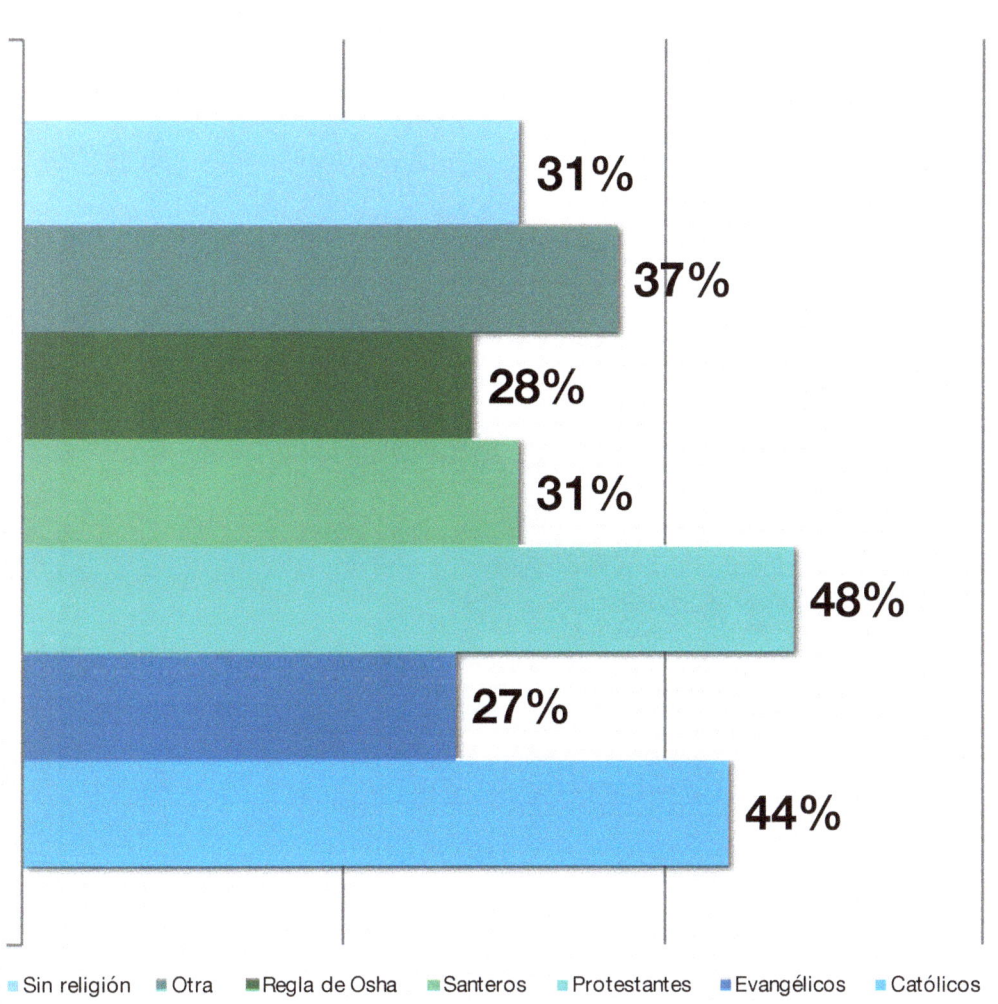

PERTENECEN AL GRUPO CUYAS FAMILIAS TIENEN MÁS "NEGOCIOS"

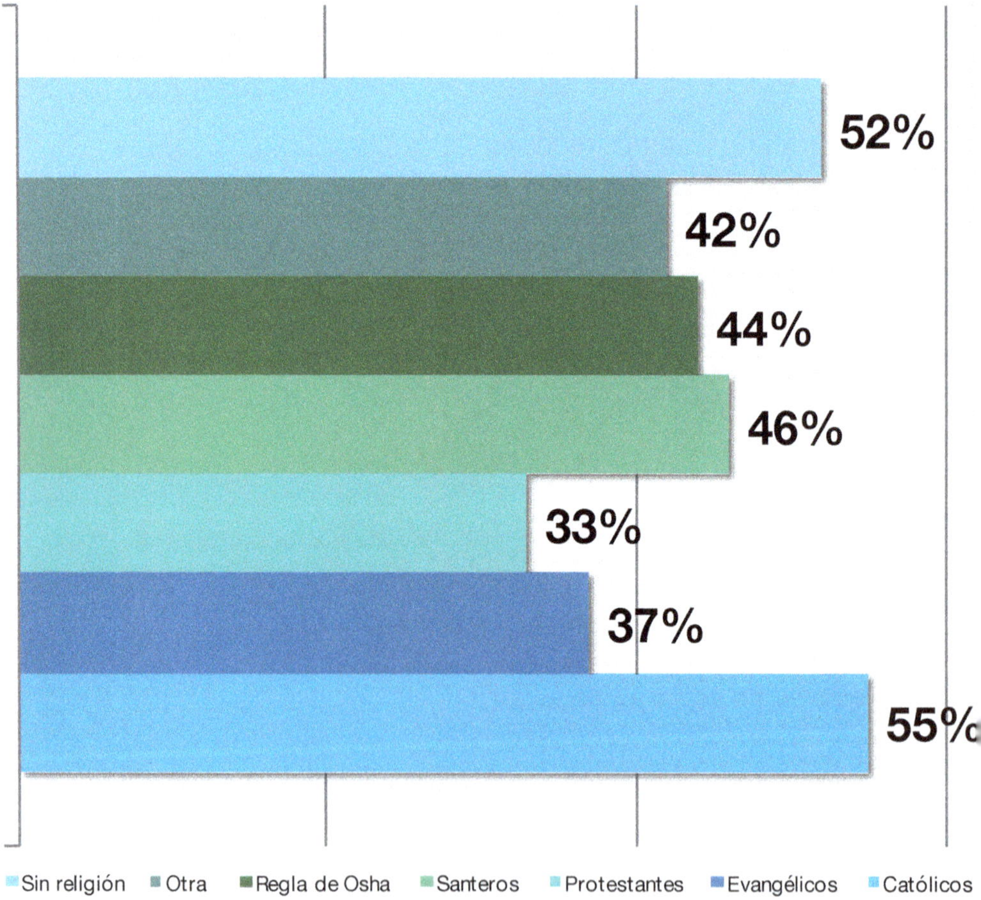

- Sin religión: 52%
- Otra: 42%
- Regla de Osha: 44%
- Santeros: 46%
- Protestantes: 33%
- Evangélicos: 37%
- Católicos: 55%

PERO ESTÁN INSATISFECHOS CON LA SITUACIÓN ECONÓMICA

	Católicos	Evangélicos	Protestantes	Santeros	Regla de Osha	Otra	Sin religión
Satisfecho	20%	22%	71%	30%	17%	37%	16%
Insatisfecho	79%	78%	28%	70%	77%	63%	83%
Saldo	(59%)	(56%)	+43%	(40%)	(60%)	(26%)	(67%)
No Contesta	1%	0%	1%	0%	6%	0%	1%

ESTÁN INSATISFECHOS COMO EL CUBANO EN GENERAL

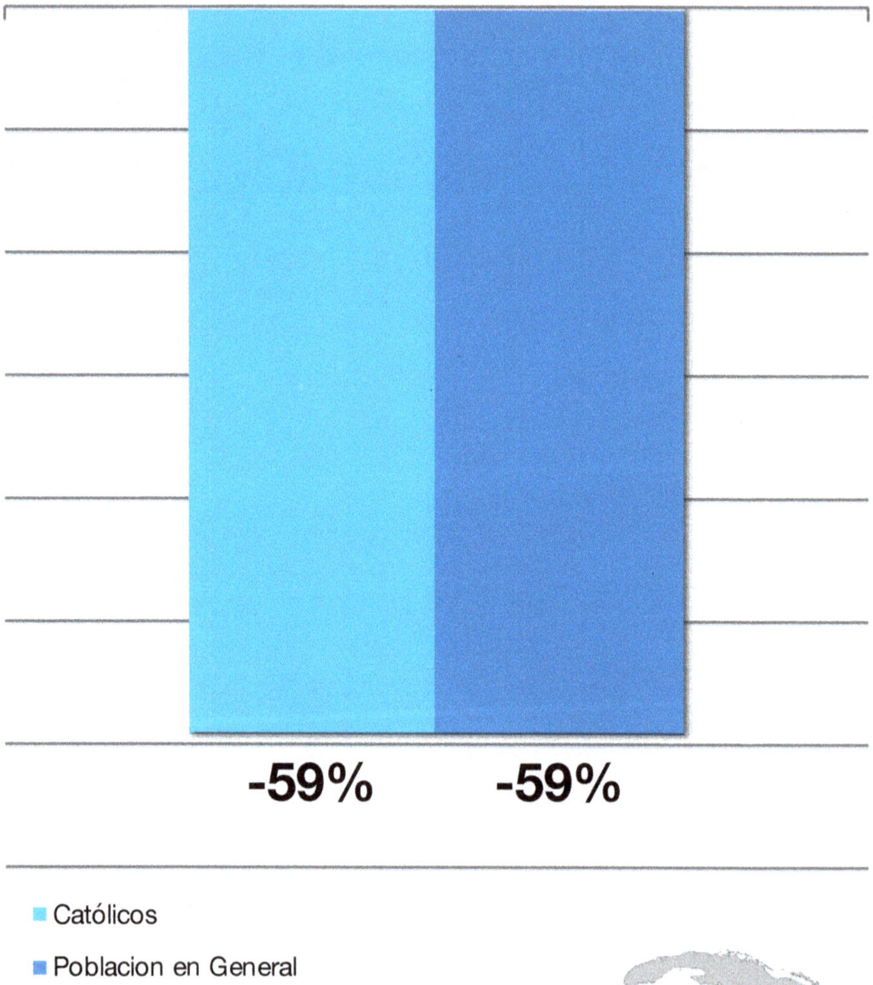

-59%   **-59%**

- Católicos
- Poblacion en General

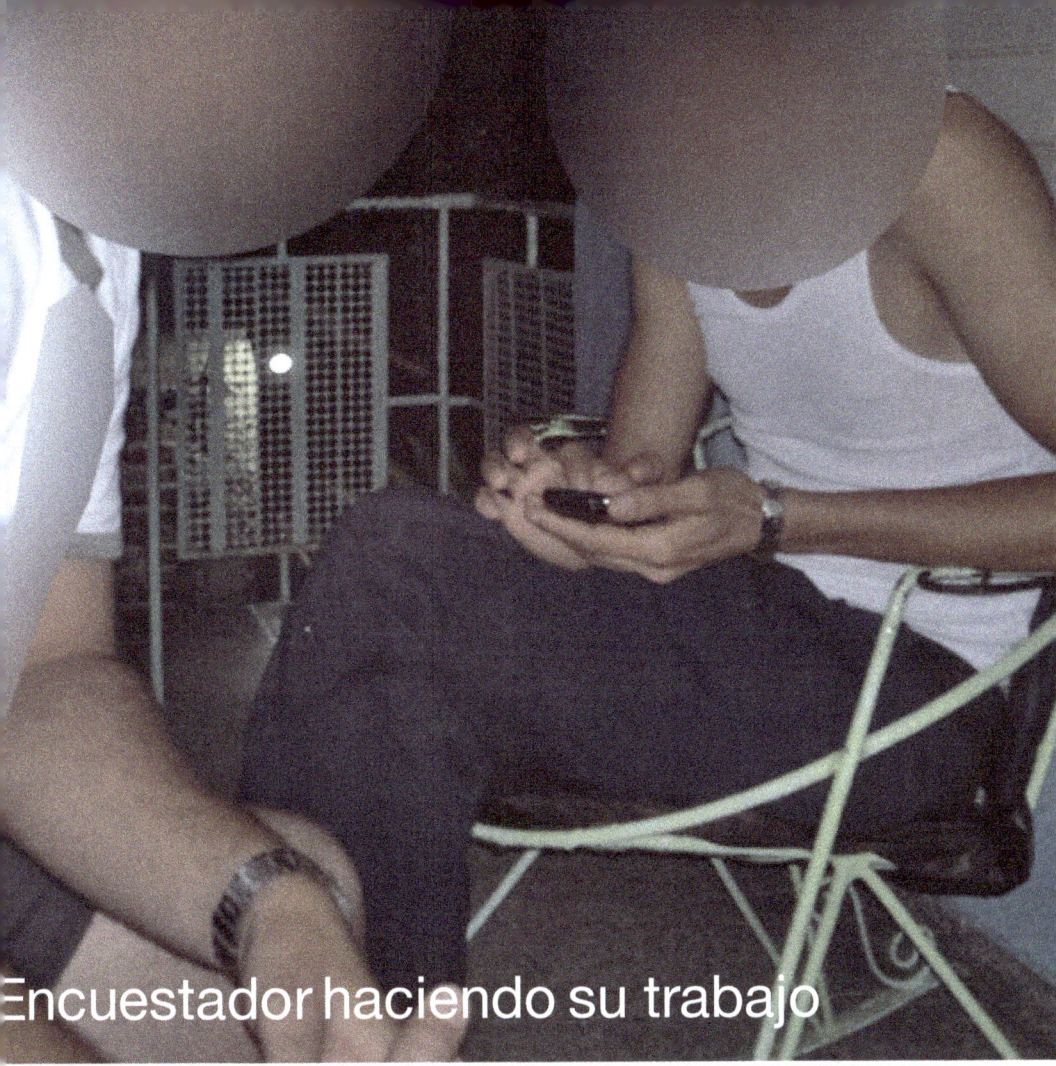

Encuestador haciendo su trabajo

LOS CATÓLICOS RECHAZAN EL SISTEMA POLÍTICO

¿POR QUÉ LO RECHAZAN?

- *Porque se sienten más insatisfechos que el promedio de la población.*
- *Porque califican al Régimen de Dictadura.*
- *Porque les desagrada el Partido Comunista y les agradan los grupos de oposición.*
- *Porque creen que deben haber partidos de oposición.*
- *Porque piensan que no pueden hablar libremente, a pesar de que responden con fluidez las preguntas de la encuesta y su actitud hacia los encuestadores es amable y colaboradora.*
- *Junto a los evangélicos, son los católicos los que muestran un mayor rechazo al sistema político*

ÍNDICE APROBACIÓN MENOS DESAPROBACIÓN DEL SISTEMA POLÍTICO

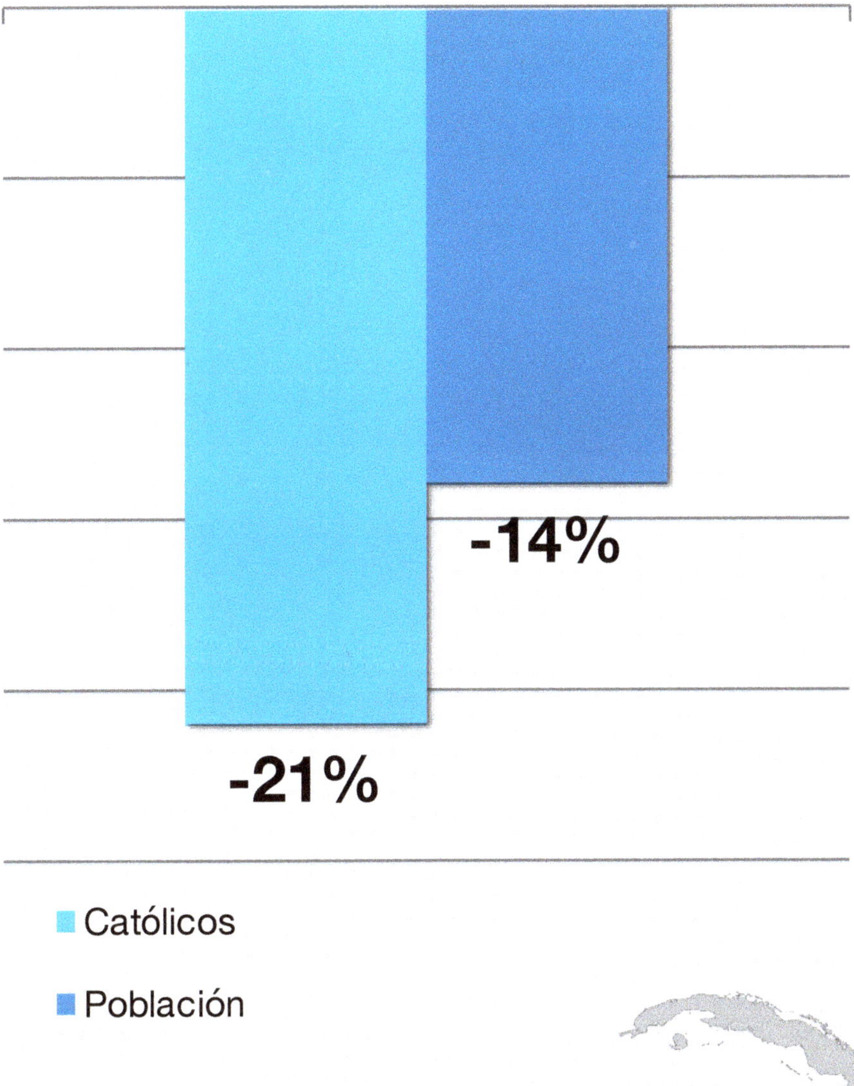

- **-14%** Población
- **-21%** Católicos

■ Católicos
■ Población

SATISFACCIÓN CON EL SISTEMA POLÍTICO

	Católicos	Evangélicos	Protestantes	Santeros	Regla de Osha	Otra	Sin religión
Satisfecho	38%	37%	76%	58%	28%	47%	36%
Insatisfecho	59%	61%	24%	41%	67%	42%	45%
Saldo	(21%)	(24%)	+52%	+17%	(39%)	+5%	(9%)
No Contesta	3%	2%	0%	1%	5%	11%	19%

FRASES DICHAS POR LOS CATÓLICOS ENCUESTADOS QUE REFLEJAN LA INSATISFACCIÓN CON LA SITUACIÓN POLÍTICA

"El que esté en desacuerdo, es marginado"...

"El sistema es obsoleto e insostenible"...

"Es un sistema que no acepta que se haga lo que el pueblo quiere"...

"Es una dictadura"...

"Está atrasado en 50 años"...

"Explotación al máximo"...

CREEN QUE DEBE HABER MÁS PARTIDOS POLÍTICOS

	Católicos	Evangélicos	Protestantes	Santeros	Regla de Osha	Otra	Sin religión
Sí	54%	51%	29%	52%	61%	21%	59%
No	31%	41%	14%	33%	29%	26%	26%
Saldo	+23%	+10%	+15%	+1%	+32%	(5%)	+33%
No Contesta	15%	8%	57%	15%	10%	53%	15%

LES DESAGRADA EL PARTIDO COMUNISTA Y LES AGRADAN LOS GRUPOS DE OPOSICIÓN

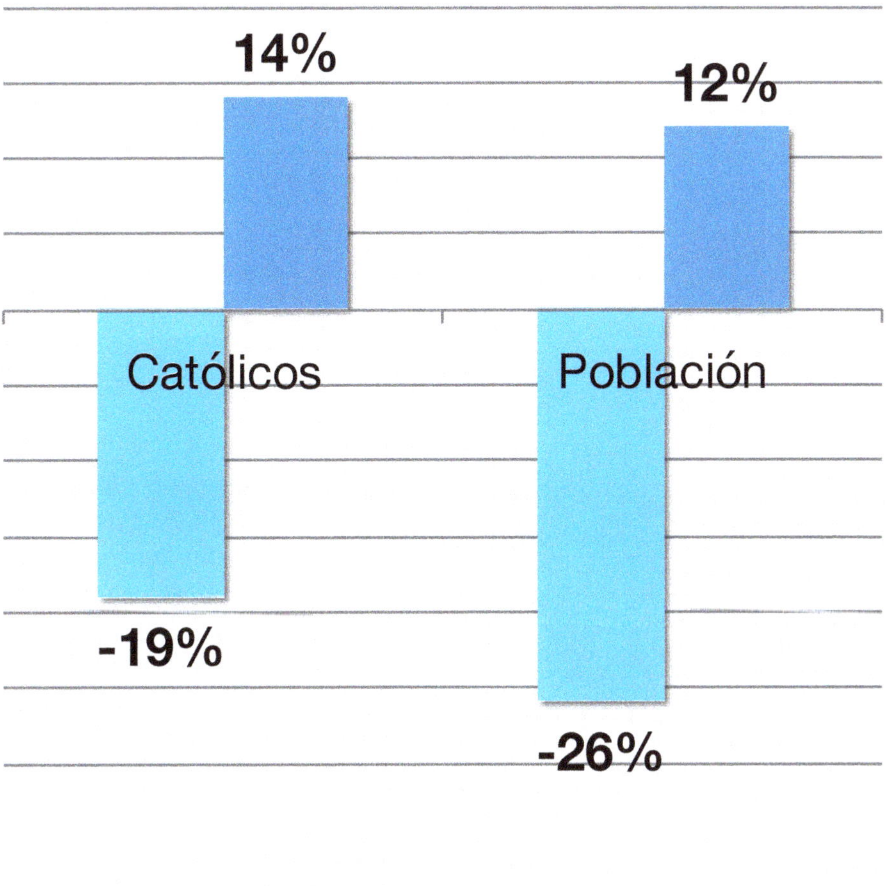

	Católicos	Población
Oposición	14%	12%
Partido Comunista	-19%	-26%

■ Partido Comunista   ■ Oposición

PIENSAN QUE NO DEBEN HABLAR LIBREMENTE

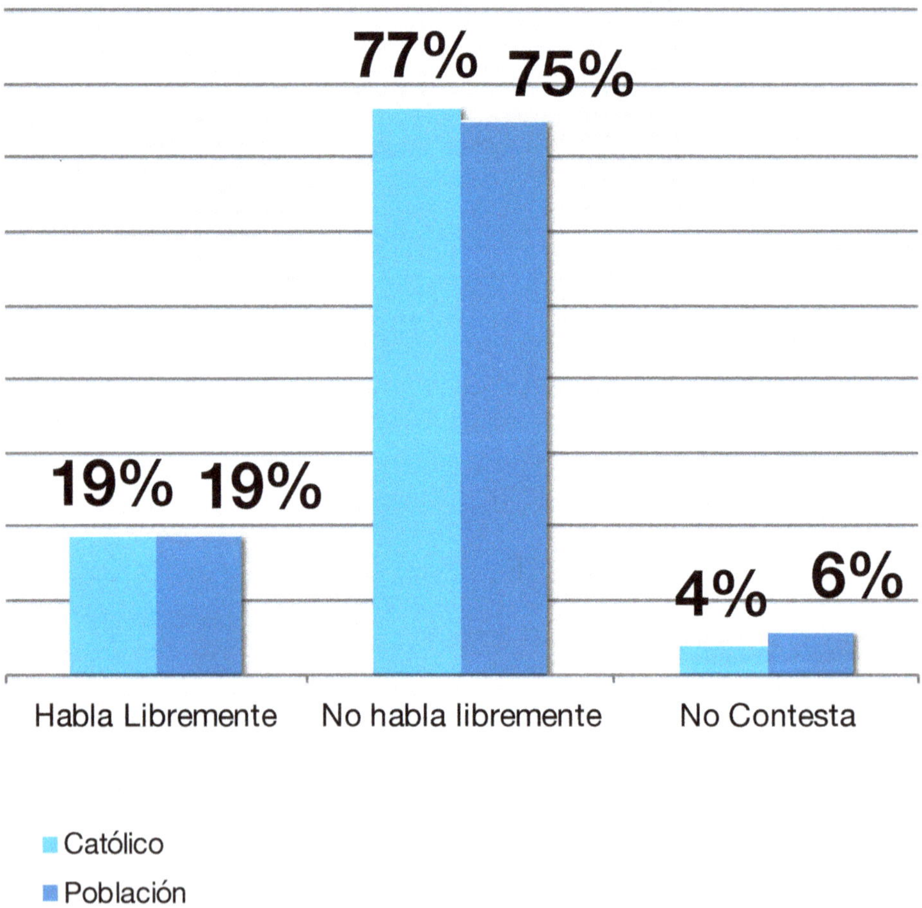

	Habla Libremente	No habla libremente	No Contesta
Católico	19%	77%	4%
Población	19%	75%	6%

A PESAR DE SENTIRSE MENOS OPTIMISTAS

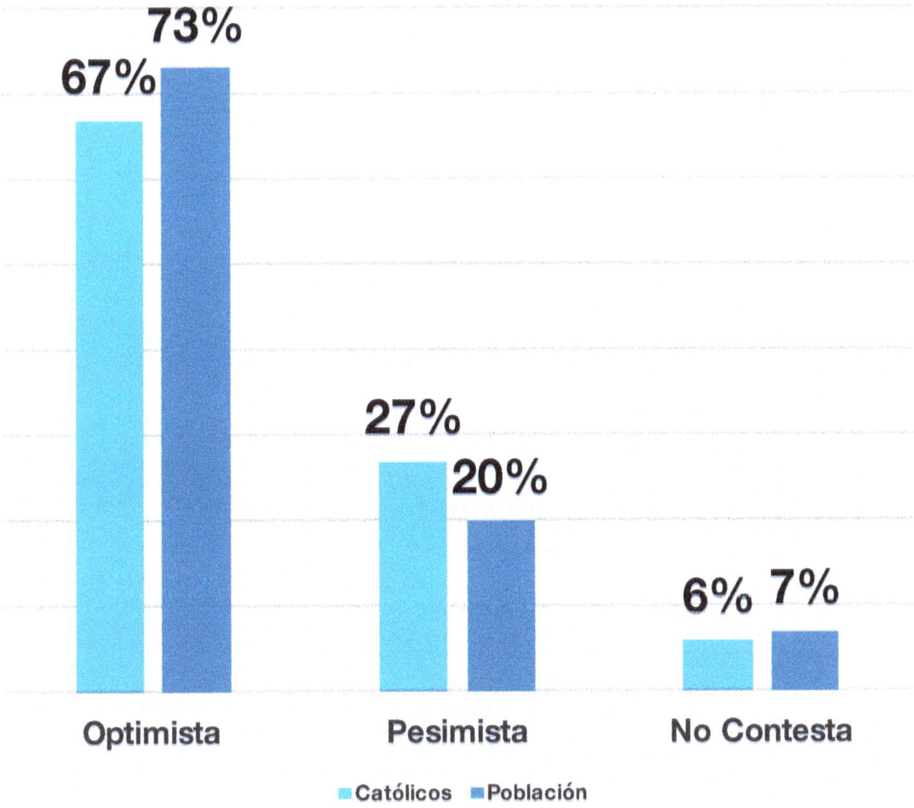

	Optimista	Pesimista	No Contesta
Católicos	67%	27%	6%
Población	73%	20%	7%

PENSANDO EN SU FUTURO Y EL DE SU FAMILIA, ¿SE SIENTE OPTIMISTA O PESIMISTA?

	OPTIMISTAS	PESIMISTAS	NO CONTESTA
CATÓLICOS	67%	27%	6%
EVANGÉLICOS	78%	14%	8%
PROTESTANTES	57%	29%	14%
SANTEROS	76%	17%	7%
REGLA DE OSHA	67%	33%	10%
OTRA RELIGIÓN	47%	42%	11%
SIN RELIGIÓN	74%	18%	8%
NO CONTESTA	85%	7%	6%

Encuestado respondiendo el cuestionario.

LA APERTURA CON ESTADOS UNIDOS

A pesar de sentirse menos optimistas, piensan que la apertura cambiará el sistema económico, mas no el político.
Aprueban abrumadoramente el restablecimiento de relaciones con los Estados Unidos y la suspensión del Embargo.

PIENSAN QUE LA APERTURA CAMBIARÁ EL SISTEMA ECONÓMICO

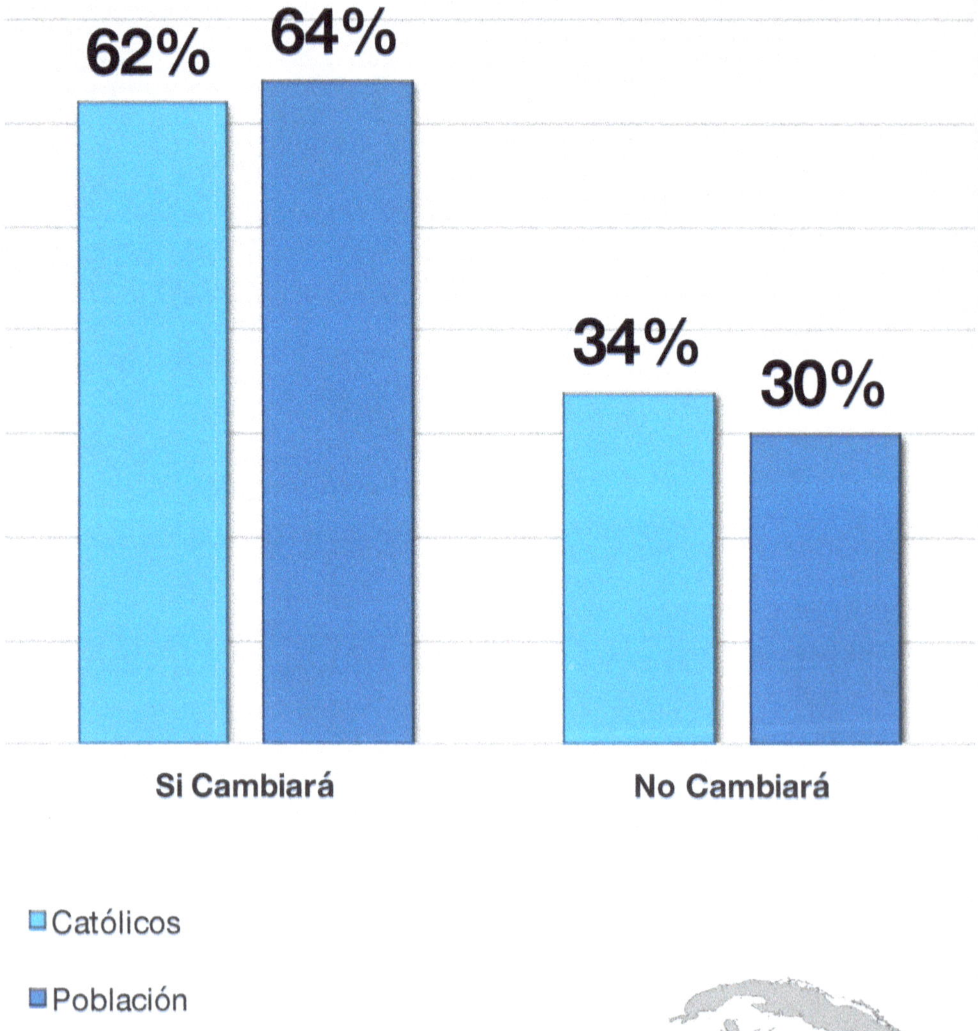

Si Cambiará: 62% Católicos, 64% Población
No Cambiará: 34% Católicos, 30% Población

- Católicos
- Población

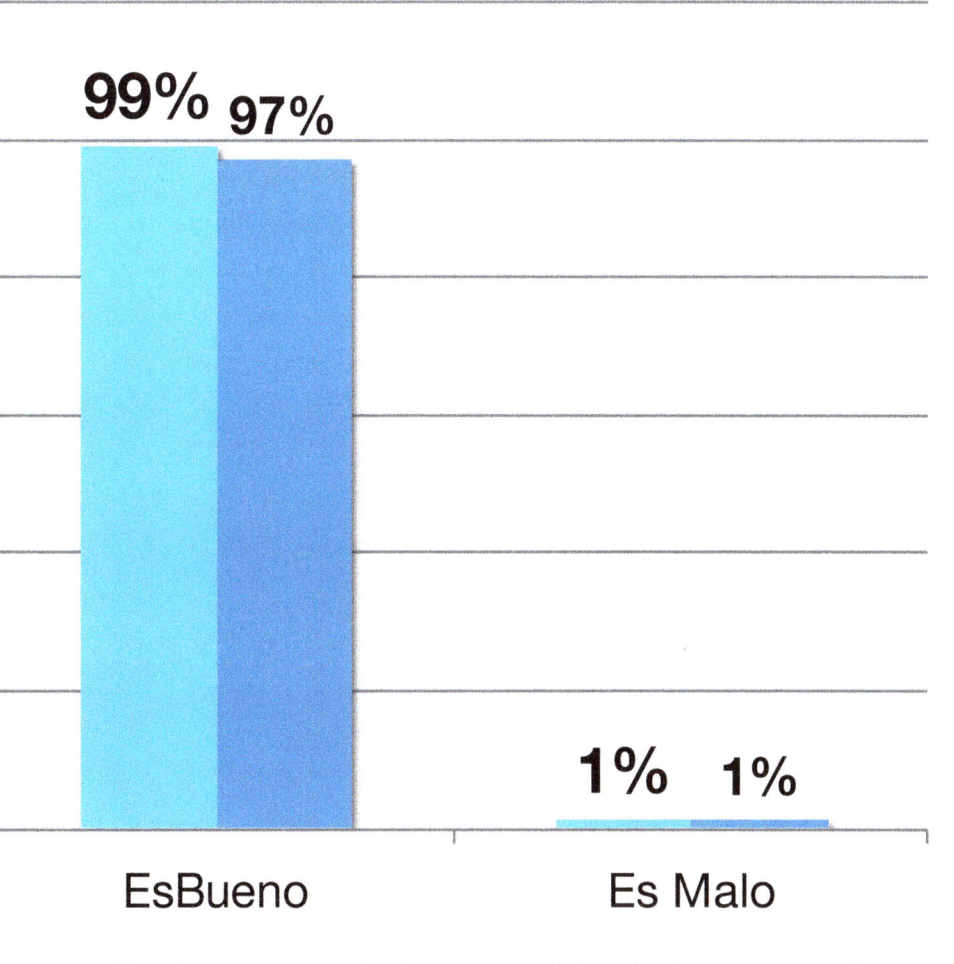

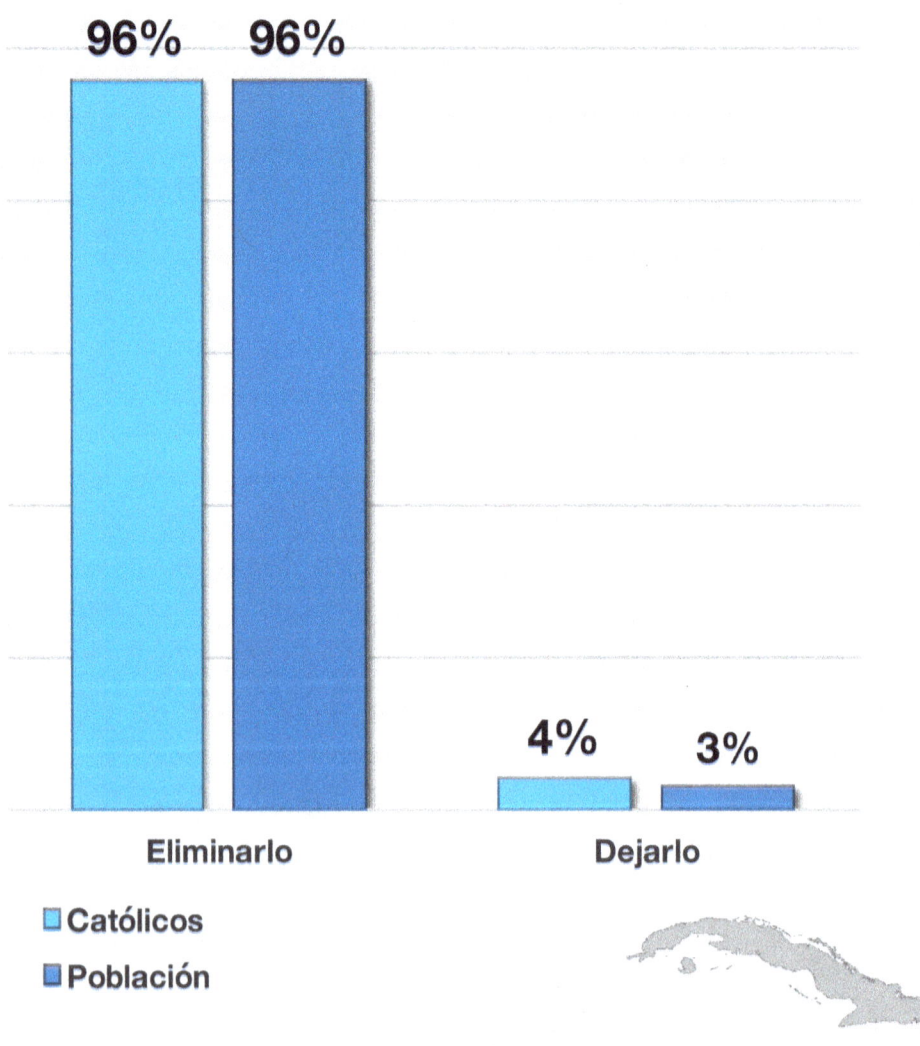

PERO NO CAMBIARÁ EL SISTEMA POLÍTICO

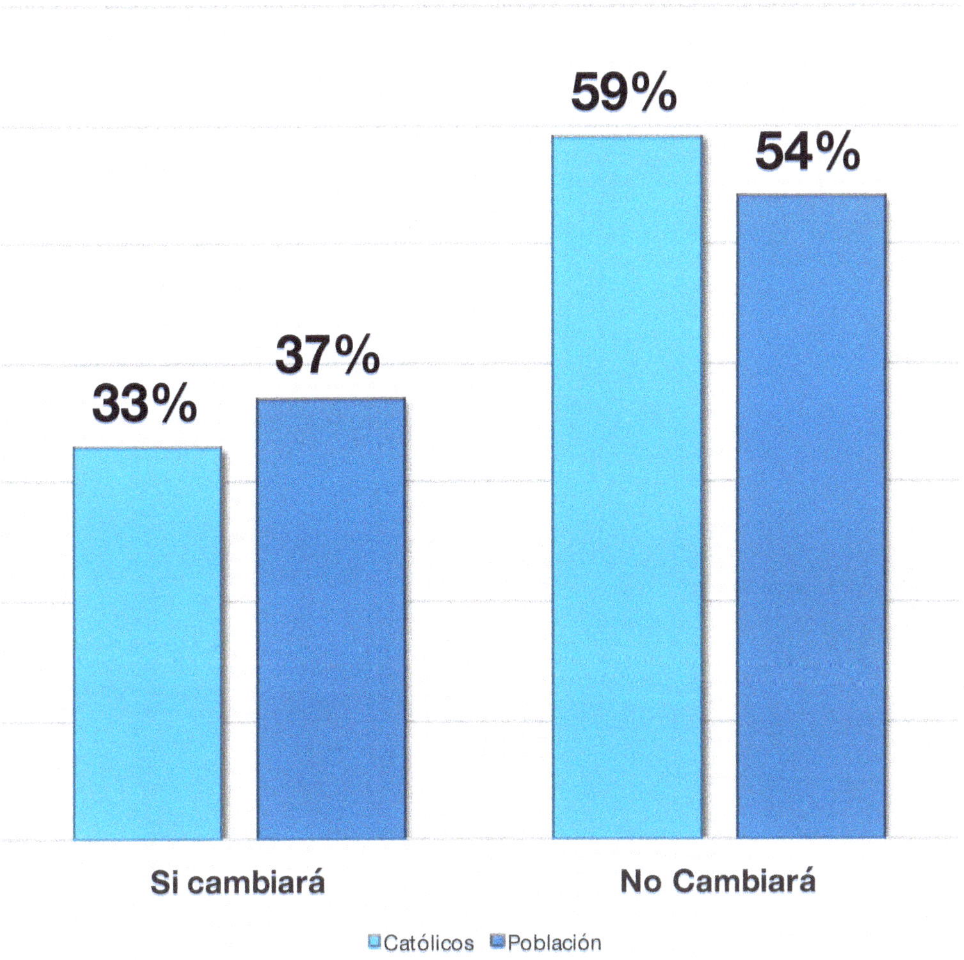

	Si cambiará	No Cambiará
Católicos	33%	59%
Población	37%	54%

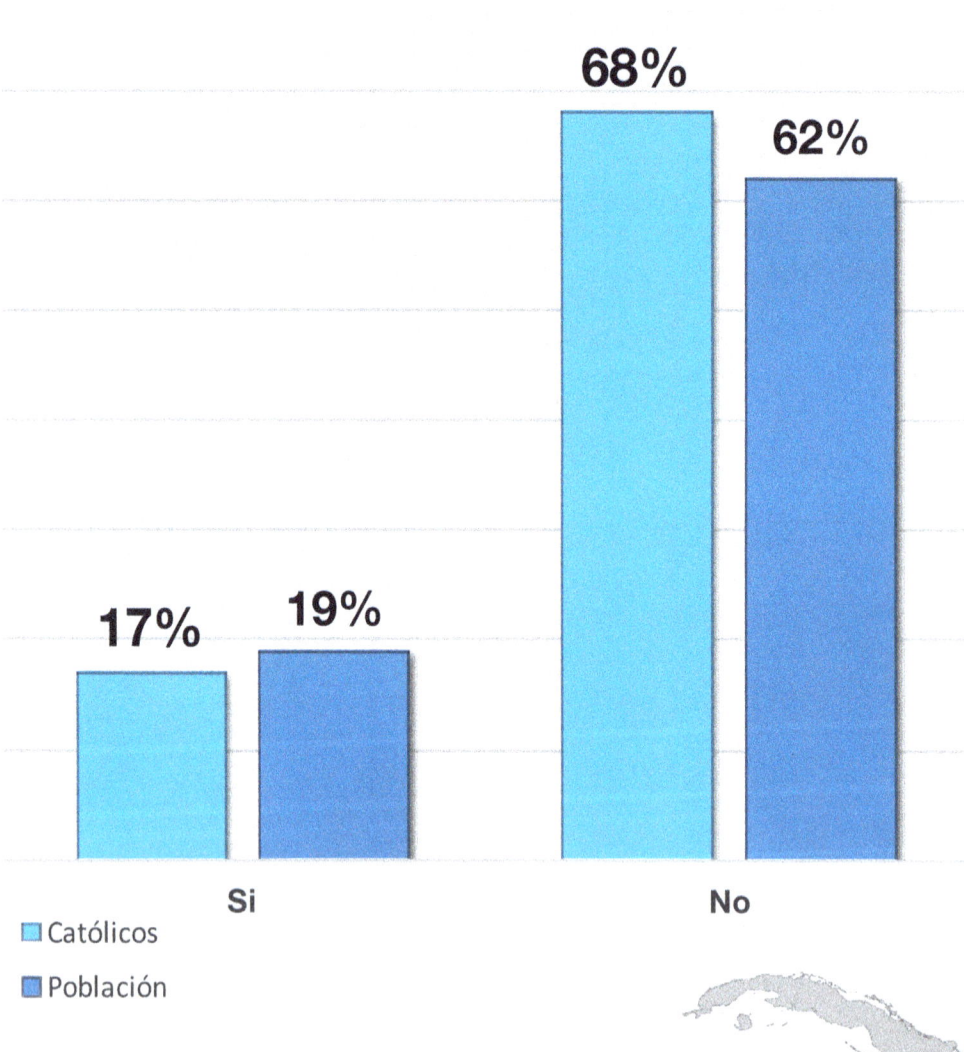

OPINIÓN DE LOS CATÓLICOS SOBRE INSTITUCIONES Y PERSONALIDADES

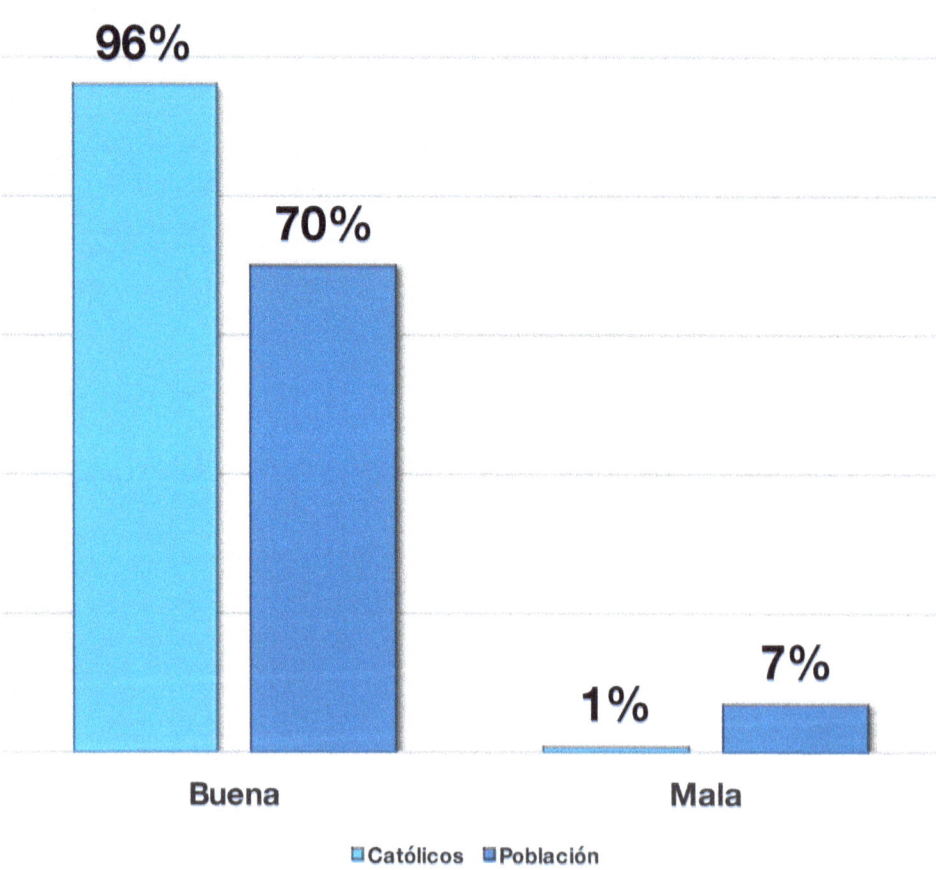

ÍNDICE DE AGRADO MENOS DESAGRADO DE PERSONALIDADES. OPINIÓN ENTRE CATÓLICOS.

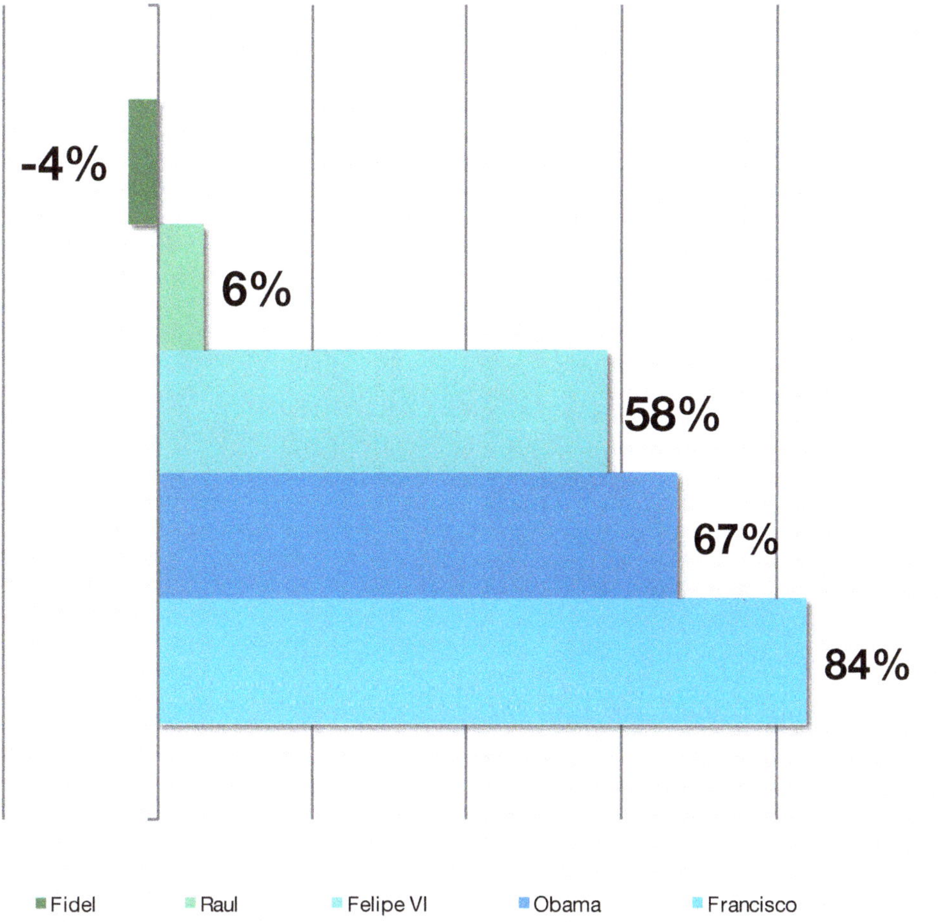

- **-4%** Fidel
- **6%** Raul
- **58%** Felipe VI
- **67%** Obama
- **84%** Francisco

■ Fidel   ■ Raul   ■ Felipe VI   ■ Obama   ■ Francisco

PAPA FRANCISCO

	Cae Bien	Cae Mal	No Conoce	No Contesta
CATÓLICOS	91%	7%	0%	2%
EVANGÉLICOS	53%	34%	2%	11%
PROTESTANTES	19%	57%	5%	19%
SANTEROS	64%	28%	2%	6%
REGLA DE OSHA	61%	6%	11%	22%
OTRA RELIGIÓN	79%	0%	0%	21%
SIN RELIGIÓN	82%	4%	4%	10%
NO CONTESTA	91%	0%	3%	6%

BARAK OBAMA

	Cae Bien	Cae Mal	No Conoce	No Contesta
CATÓLICOS	82%	15%	0%	3%
EVANGÉLICOS	78%	20%	0%	2%
PROTESTANTES	86%	14%	0%	0%
SANTEROS	73%	27%	0%	0%
REGLA DE OSHA	72%	22%	0%	6%
OTRA RELIGIÓN	79%	21%	0%	0%
SIN RELIGIÓN	80%	15%	1%	4%
NO CONTESTA	88%	8%	0%	4%

RAÚL CASTRO

	Cae Bien	Cae Mal	No Conoce	No Contesta
CATÓLICOS	51%	45%	0%	4%
EVANGÉLICOS	58%	39%	0%	3%
PROTESTANTES	57%	37%	0%	6%
SANTEROS	36%	63%	0%	1%
REGLA DE OSHA	22%	78%	0%	0%
OTRA RELIGIÓN	47%	47%	0%	6%
SIN RELIGIÓN	45%	49%	1%	5%
NO CONTESTA	53%	32%	0%	15%

FIDEL CASTRO

	Cae Bien	Cae Mal	No Conoce	No Contesta
CATÓLICOS	46%	50%	0%	4%
EVANGÉLICOS	52%	41%	3%	4%
PROTESTANTES	71%	24%	0%	5%
SANTEROS	31%	67%	0%	2%
REGLA DE OSHA	33%	56%	0%	11%
OTRA RELIGIÓN	58%	37%	0%	5%
SIN RELIGIÓN	45%	48%	0%	7%
NO CONTESTA	37%	32%	0%	31%

Promotores y Realizadores de la Encuesta

www.ingramcontent.com/pod-product-compliance
Lightning Source LLC
Chambersburg PA
CBHW061219070526
44584CB00029B/3902